江陵正東距京六百里豊川正西距京五百六十二里
京二府四大都護四牧二十一都護四十四郡八十四縣一百七十二

JN301641

浅川巧 著

朝鮮陶磁名考

復刻版

草風館

故浅川巧氏と其筆蹟（日記の一節）

序

どんな著書も多かれ少なかれ先人の著書に負ふものである。だが此著書ぐらゐ自分に於て企てられ又成されたものは少ない。未だ何人も思ひみず、試みず、又恐らく爲し遂げ得ない仕事であると思ふ。故國の人たる朝鮮人にも望み難い著述である。なぜなら若い人々は古器を知らず、老いた人々は器物を愛する習慣を有たないからである。同時にどんな日本人の手からも此樣な本を期待する事は出來ない。なぜなら著者をおいて何處にも朝鮮の陶器に對し、情愛と理解と知識と經驗と語學とを兼ね備へた人は他に無いからである。眞に淺川君あつての仕事であり、又最も淺川君らしい仕事である。

だが私は此著述が獨創的であると云ふ事だけに價値を置くのではない。

何人が試みるとも之以上に完成する事は出來ないであらう。今後朝鮮陶磁史に關心を有つ者は、座右から之を離す事は出來ない。さうして此感謝は今後どの研究者からも常に繰り返されるであらう。啻に之によつて在來の幾多の名稱が修正せられ、それが本來の內容に立ち歸るのみならず、又之によつて研究に幾多の新しい暗示を受けるであらう。さうして此書あるが爲に未知の謎が解ける場合は多いであらう。名稱の辭彙ではあるが、それが含む示唆は些少でない。

過去が惜し氣もなく棄てられる今日、若しこの著述が十年もおくれるとするなら、輯錄された名辭の數は遙かに減じたであらう。著者は失はれんとする人間の記憶を巧みにも救つた。さうして埋もれてゆくべき眞理を、消えない文字に留めた。如何に今日の人併びに後代の人から感謝されていゝ著述であらう。

その生ひ立ちとその成熟との親しい目撃者である私は、如何に之が人を得、題目を得た著作であるかを知つてゐる。私は永遠に消えない此一書の長い旅の門出に際し、短くはあるが是等の言葉を通じて、盡きぬ祝福を贈りたい。

昭和六年二月二十日

柳宗悅

凡例

一、本書は朝鮮李朝時代陶磁器の名稱を考察し、其の正しい用途を示し兼ねて製造上の用語などを説明したものである。

二、陶磁器を其の主な用途に從つて、便宜上次の九種に大別して解説する。

I 祭禮器（祭祀、禮式用に供せらるる器物）

II 食器（食膳に用ひらるる器物）

III 文房具（書畫に伴ふて用ひらるる器物）

IV 化粧用具（洗面、化粧等に關係ある器物）

V 室內用具（居室內に備付けらるる器物）

VI 道具（他物の加工等に必要な器具）

VII 容器（貯藏、釀造、運搬等に際し物を盛る器物）

VIII　雜具（以上の分類に屬せざる器物）

IX　建築用材料（建築に要する材料品）

三、解說中「　」を施したものは器物の日本譯名である。而してその譯名のないものは朝鮮名の儘で意味の充分通ずるものである。

四、諺文の發音に便するためローマ字を添へることとし、その諺文に對する當字は概ね次の例に據つた。

ㄱ	ㄴ	ㄷ	ㄹ	ㅁ	ㅂ	ㅅ	ㅇ
k	n	t	r.l	m	p	s.t	ng

ㅈ	ㅊ	ㅋ	ㅌ	ㅍ	ㅎ
ch	chh	kh	th	ph	h

아	야	어	여	오	요	우	유
a	ya	ö	yö	o	yo	u	yu

으	이	ᄋᆞ
eu	i	a

ㄲ kk　ㅃ pp　ㄸ tt　ㅉ chch　ㅆ ss

對字は大略以上の通りであるが、綴字中には音便の關係上幾分變化してゐるものもある。

五、器物の種類別により各特色ある物の寫眞を添へ、圖解の拙を補ひ、併せて李朝陶磁に關する概念を得る便とし、名稱のうち器物に屬するものは全部圖示した。

六、同一のものに對し多數の名稱あるものは代表的のもの一つを摘出し、異名は說明のうちに列記した。

目次

朝鮮陶磁名考

一、緒　言

作品が作者の生活を語り、愛用品がその持主の境遇を告げることは云ふまでもない事であつて、朝鮮で作られ朝鮮に保存されて來た李朝の陶磁器は、朝鮮人の生活を雄辯に物語つて居る。夫等を靜かに眺め入るならば、宛然民族史を讀むにも等しく、又まのあたり昔の人達と交際する感さへある。

陶磁器は愛用されるための器物であるとも云へる。それは陶磁器の美が愛用によつて完成されるばかりでなく、使用上に疎漏があれば忽ち破壞されるからである。幸に李朝の陶磁器は、永年の愛用によつて色づけられた傳世品に接する事が出來る。卽ち中葉以前のものは副葬品として土中に遺されたものゝ外、日本に傳つて茶人の手で愛用保存され、又中葉以後のものには朝鮮に於ける傳世品も尠なくない。その外窯跡に山積する破片や疵物にも昔日を偲ぶ好資料が遺され、尙又古い傳統を守り、往時さながらの器物を作ることより他の術を知らない陶工等もまだ生きてゐることは嬉しい極みである。

然るに輓近時勢の變遷とは云ひながら、機械工業の跋扈に禍され、夫等の人達の前途も限られ、作品は自然にその影を潜める傾向が明かになつて來つゝあることを思ふと心細い氣がする。

今朝鮮の人達は器物のことなど顧る遑もなく、之れに親しみ保存すると云ふ樣なことは等閑に附せられて居る關係上、一時代前の器物になると名稱や用途さへも追々忘れられつゝある狀態である。それだからまして他國の人にとつては形態や用途に珍奇なものが多いので、他國人が夫等の作品を扱ふ場合、往々にしてその用途を誤り似もつかぬ勝手な名稱を附ける事が多い。一例を擧げると、或る有名な外國の博物館で、其の目錄中高麗燒の尿器に肴鉢の名をつけてゐたり、又普通吾々の間に常用されて來た名稱中にも、飯碗を茶碗、酒注を水差、粉盒を香盒と呼ぶ程度の誤りは隨分多い樣に思ふ。飯碗に茶を立て、酒注に水を入れ、粉盒に香を盛つて愛用することは器物の利用であつて、器物に適應した用途を發見することでもあり、使用者に許された創作的の悅びであるから、器物本來の用途以外に使用することは決して妨げることではないが、作品に近づいて民族の生活を知り、時代の氣分を讀むと云ふ樣な目的にあつては、先づ第一に器物本來の正しき名稱と用途を知つて置く必要があると思ふ。

朝鮮民族美術館は當然の仕事として、器物本來の名稱を知り、それを傳へたいのである。日本の茶人達が狂喜した程美しい茶碗も、朝鮮人不斷使ひの飯碗の中から選擇され、名工さへもその前に自らの力の不足を歎息した程の優れた茶入も、源を質せば當時ありふれた藥味入から拔擢されたものであると云ふ樣な點を、出來るだけ判然させて置き度く思ふ。かく詮索したからと云ふて、名器の價値は增すとも減ずるやうな心配はない筈である。加之夫等は生れながらの名前で呼び掛けるならば、喜んで在りし日の昔を語り、一層親しみを感じ得ると思ふ。又延いてはその主人であつた朝鮮民族の生活や氣分にも自ら親しみある理解を持てることは必然である。

本篇は十餘年來心掛けて學び得た李朝陶磁器の名稱を集錄したものであるが、飛び入りの日本人の身ではなか〳〵正確を期することは難しい。それでその點を氣遣ひ公にすることを躊躇して居たのであるが、この儘に放置せば更に不明に終る心配もあり、一應取纏めて置くことは識者の教を仰ぐ上にも便利であると考へ上梓することにした。

この企ては親しき交りの間に私を敎へてくれた朝鮮の友多數の方々の愛の記念ともし度く思ふ。

七

酒杯

所謂三島手の祭器酒杯

李王家博物館所藏

편 틀

白磁の餅臺、祭祀に用ふ

朝鮮民族美術館所藏

二、器物の名稱

I 祭禮器

祭禮器とは、祭祀及其の他の禮式に用ふる器皿の總稱であつて、そのうちには鍮器、木器、鐵器及陶磁器等が含まれてゐるが、そのうちでも陶磁は相當重要な部分を占めてゐる。

日常生活に關係なく作られた純然たる祭器は別として、祭器中にも碗、皿、瓶、壺等の如く普通の食器などと混同され易い形態のものが多い。從つて他國の人は夫等を平氣で食器に應用することがある。又實際使用して美しく、且つ便利である場合も多いのだが、習慣上朝鮮の人達には出來ないことである。それは吾々が佛器を食器に使用し得ないのも同然である。祭器が普通の器皿と區別され得る特長を擧げて見ると、祭器は槪して容姿端正で多角に面取の施されたものが多く、恰も折目の正しき白衣を聯想する形態を有つてゐる。又本來が直接持つたり觸れたりする器でなく、卓上に供へ置き、眺める器とも考へられるだけに、側方から見る爲の形式を備へてゐる。例へば壺や瓶は頸が長く直立し、碗や皿は高臺が高く且つ其の側面に透彫の裝飾まで施されたものがある。從つて是等の効果はどうしても高い祭床の上に載せられなくては見ることの出來ないものである。又釉色は白の儘のものが普通で、淸楚の感じが表はれてゐるものが多い。稀に染付の施されたものもあるが、所謂龍壺以外には單に祭器たるを示す簡單な文字位に限られてゐる。尤も染付は「經國大典」にも一般庶民には使用を禁じられてあり、酒器の外金銀、靑畫白磁器使用の者は杖八十に處せられる事に制定されてゐる許りでなく、英祖の三十年に靑畫磁器は畫龍樽の外一切嚴禁されてあるので、普通民家に於ては、祭器に限らず龍壺以外に染付のある磁器を見ることは稀である。

今、祭器に就いて記された處を「增補山林經濟」の中から摘錄して見ると、『家中或は水火盜賊有れば則ち先づ祠堂を救ひ、神主(位牌のこと)遺書を遷し、次に祭器に及び、然る後家財に及ぶべし。風雨過ぐる後は必ず祠宇を奉審す。

每一位用ふる所の祭器は、鍮飯盂、盖具一、鍮匙一、鍮筋一(之れは則ち家中に藏す)、木餠板一、木炙板一、器一、脯楪一、食醢楪一、果器三、匙楪一、佐飯楪一、醢楪一、菜楪三、香盒一、燭臺一雙(以上は皆桐木或は好木を用ひて鏇造し髹漆を加ふ)、砂盞一具臺、羹器一、魚肉膾楪二、正果甫兒一、乾正果楪一、沈菜甫兒一、鍾子四(皆白磁器を用ふ)、屛二坐、地衣面席、單席、拜席、油紙、淨巾、羽箒、圓平盤(漆を加ふ)三、砂壺二、香爐一とす。祠宇の傍に別に軒房一間を立て、房中に大小櫃を置きて木器、砂器を納れ之を封鎖し、其の餘の雜物も亦房中に納れ之を封鎖す。凡そ祭器は用過ぐれば滌淨し、復櫃中に納れ、敢て人に貸さず、貧すと雖も亦敢て鬻がざる也。凡そ祭器は鍮錫を以て製造すべきの勢有りと雖も、終に清潔なる砂木の器に加かざる者は、其の貧しく鬻ぎ或は偸まるゝの虞を免るべきを以て也』(增補山林經濟卷之十一家政上)。

以上の記錄によつて、李朝期に於ける祭器の一般を窺ふことが出來、又磁器が祭器として適當と認めらるゝに至つた次第も首肯出來ると思ふ。尤も祭禮のことは、時代の宗敎に支配されることは言を俟たざる處であつて、青磁及三島手が佛敎に相應はしく、白磁は儒敎に適する關係上、祭器に於てもその變遷を明かに見ることが出來る。

祭祀に使用する器物は陶磁器の外眞鍮器、木器等の物もあり、陶磁器はその一部に過ぎない。磁器に屬する祭器の

1 祭器
제 긔
Chyöi keui

2 祭器楪匙
제긔졉시
Chyöikeuichyöpsi
「祭器皿」

3 편과긔
Phyönkoakeui
「餅臺」

4 편 틀
Phyöntheul
「餅臺」

うち數の最も多いのは皿で、表面中央に祭字を染付けた物もある。總て祭床上に並べ、菓子、果物、餅、豆腐、燒肉、乾肉等を盛る。而してその盛る物によつて皿の形にも幾分の相違がある。角形で平面をなし緣のないものは餅を載せるもので、緣のある方は燒肉用である。然し緣のある物は陶磁器には見うけられない。

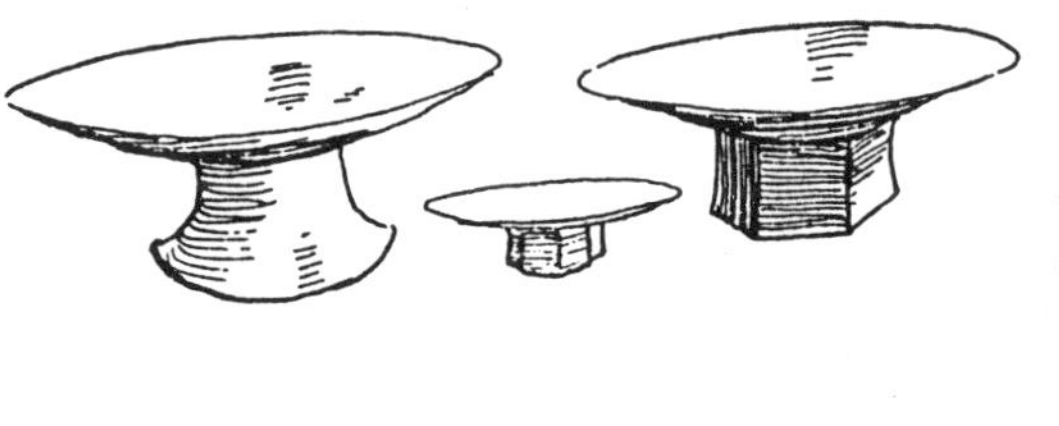

祭器楪匙（皿）

二

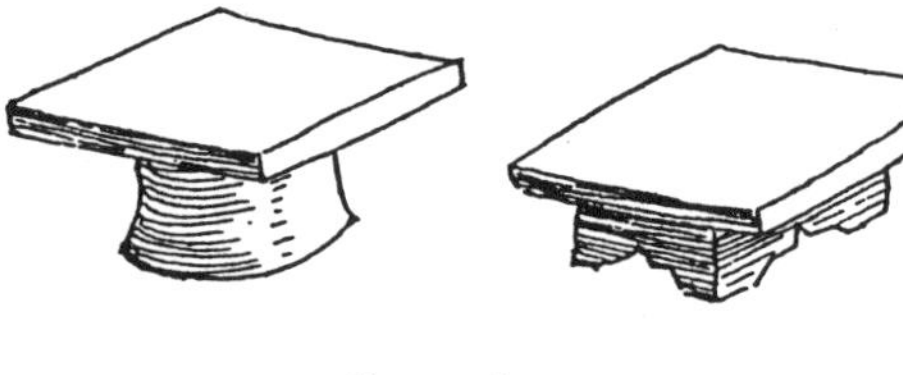

餅과긔

三．四．

それから羹を盛る鉢に湯器があり、尙鉢に類するものに

5 湯器
탕긔
Thangkeui
「羹を盛る鉢」

6 匙楪
시졉
Sichyŏp
「匙及箸の臺」

7 茅沙器
모사긔
Mosakeui
「沙を盛り茅を挿して酒を注ぐ器」

匙楪と云ふのがある。

之は匙及箸を載せる器であつて、祭祀に際し禮拜に先だち、先づ匙と箸とを以て三度輕く打ち、音を發して神靈に告ぐるものである。

湯器

五

匙楪

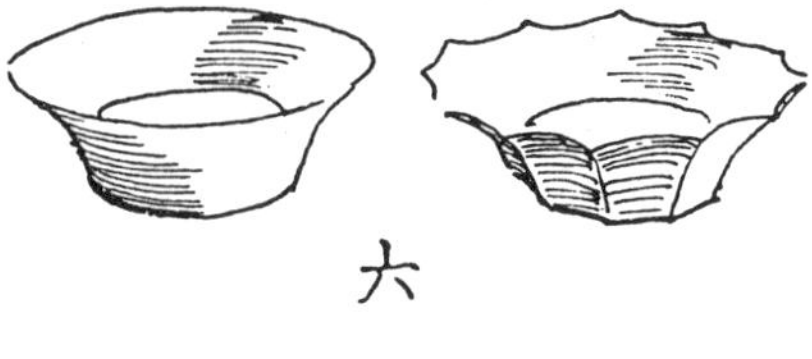

六

茅沙器

七

これにも往々底面の中央に祭字の染付を見る。

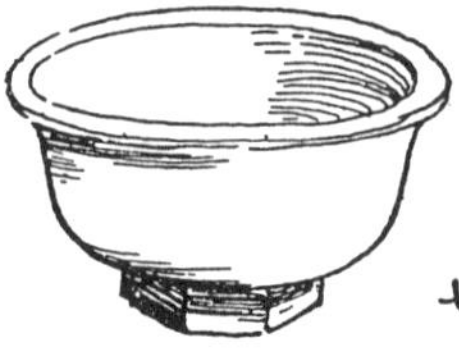

圖の如き縁の幅廣き鉢に沙を盛り、茅を挿して、その上より酒を注ぐ器がある。これを茅沙器と云ふ。

8 罇缸 준항 Chunhang 「酒壺」

酒器に屬するものには罇缸、酒瓶、酒杯、尊、爵などがある。

罇缸には染付の施されたものが多く、その模様には龍が普通であつて、この龍のあるものを龍樽又は龍罇　룡준항아리　Ryongchunhangari と呼ぶ。その他鳳凰、十長生、山水、四君子、雙喜等の描かれたもの、又時に無地のものもあるが、何れにしても頸の直立したものは禮器の

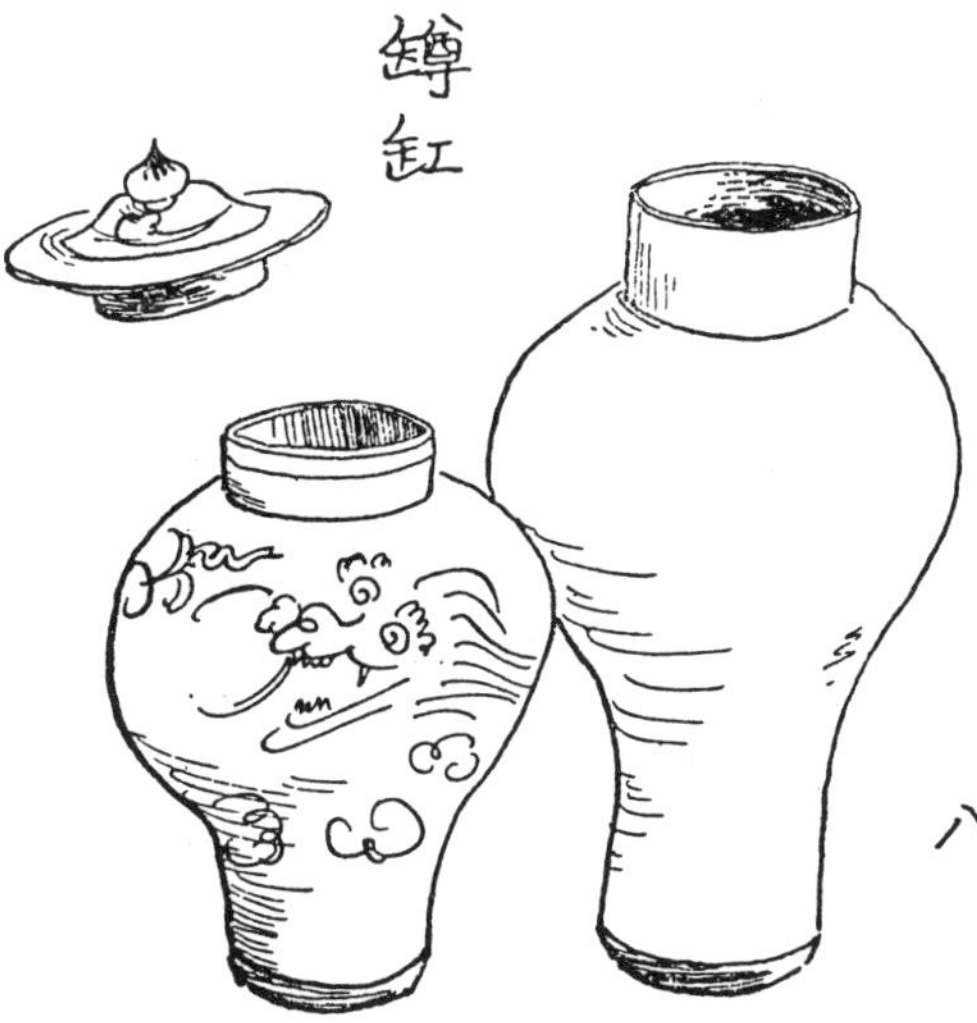

罇缸

八

型であつて、本來は酒壺である。

然し世俗にあつては、平常殆ど裝飾の如くに米櫃の上に備へ置き、雜穀など貯藏するものもあり、又每朝取出す米を一匙宛節してこの缸に貯へ、祭日に餠を作る風習などもあつて、天道敎に於ては全信徒の家庭より、かくして貯へたる米を集めて傳道資金に當つる由であるが、何れもこの器本來の用途ではない。

9　酒瓶　주 병　Chyu pyŏng

次に酒瓶には圖の如き姿のものが多く、面取りしたものには往々祭又は祭玄酒瓶等の文字を染付けたものを見る。

酒瓶

九

10 酒杯 주비 Chyupai

11 尊 준 Chun 「酒器の一種」

12 爵 쟉 Chyök 「酌器」

酒杯には種々の形があるが、何れも圖の如く杯托を有ち、高臺は一般に其の丈けが高い。甚だしいのになると高過ぎて不安定な處から、脚を握るものと考へ、俗に馬上杯などと呼ぶ者すらある。

尊や爵は銅器が普通であるが、磁器のものもないではない。而して犧尊は牛、象尊は象を象つて造つたものであり、爵は鳥名の形を象り酌器としたもので、鶏龍山窯及同時代の窯に於て此の種を見る。

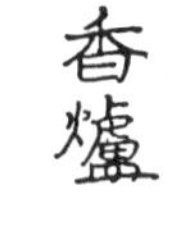
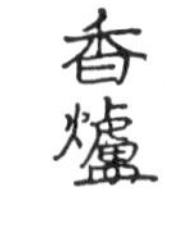
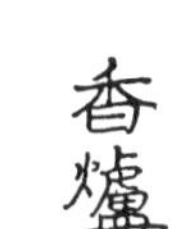

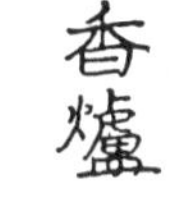

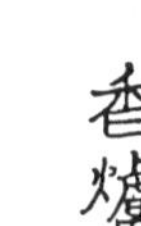

香盒 一三

香爐 一四

13 香盒 향합 Hyanghap

次に香に關した器に香盒、香爐、香立の類がある。香の原料は普通香木即ちびやくしんの心材を細挫したもので、之を香盒に盛り置き、祭祀を營むに當り香爐に爇べる。その場合香爐は祭床の前方一段低い香床上に供へられる。

14 香爐 향로 Hyangro

15 향꽂이 Hyangkkoti「線香立」

16 茶罐 다관 Takoan

17 茶鐘 다종 Tachyong

香立の朝鮮名は향꽂이であつて、香串之などの當字がある。形式は様々であるが、白磁の皿に蟠龍が彫刻され、その口に線香が立つ様に出來たものが普通である。

香串之 一五

茶鍾 一七

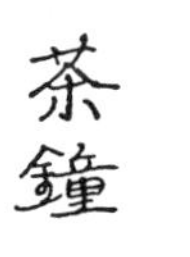

茶禮に使用するものに茶罐、茶鐘がある。茶罐は茶瓶とも云ひ金屬製を普通とするが、沙器のものもある。然し今日では沙器のものは酒煎子と殆ど區別がつかない。

茶罐 一六

又廟器に彝と稱するものがあり、之にも稀に沙器を應用してゐる。彝又は彝などとも書き、その種類に鷄彝、鳥彝、斝彝、黄彝等があり、夫々鷄、鳥、禾稼、黄目を描いた祭器である。

彝　一八

其の他簠簋の如きも、本來は銅器であるが屢々陶磁製のものを見る。雞龍山窯に於ても此の種のものは焼かれてゐる。これも一種の稷器であつて、五穀飯等が盛られる。方を簠と云ひ、圓を簋と呼ぶ

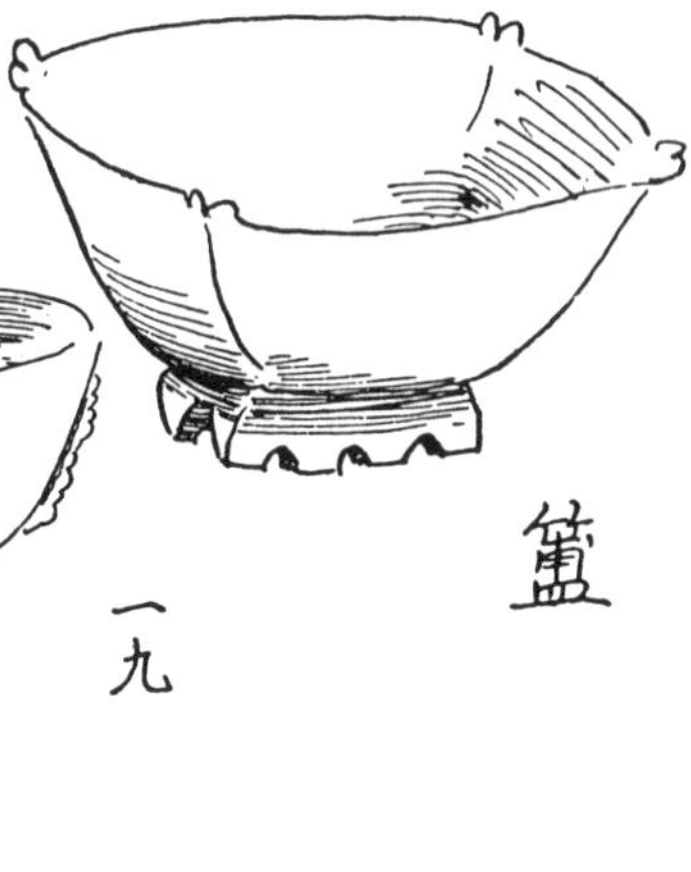

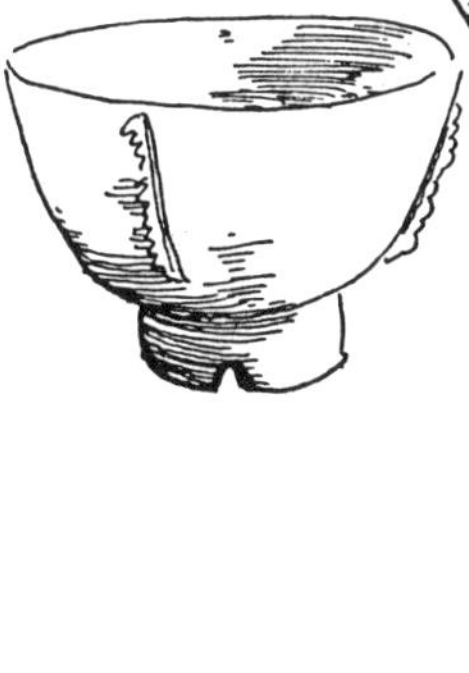

簠　簋　一九

18 彝
이
I

19 簠簋
보궤
Pokuyŏi

ことにされてゐる。

20 登 등 Teung「瓦豆」

又禮器に登と呼ぶものがある。これは一名瓦豆であつて甑とも書く。大羹を供ふるに用ひられる。

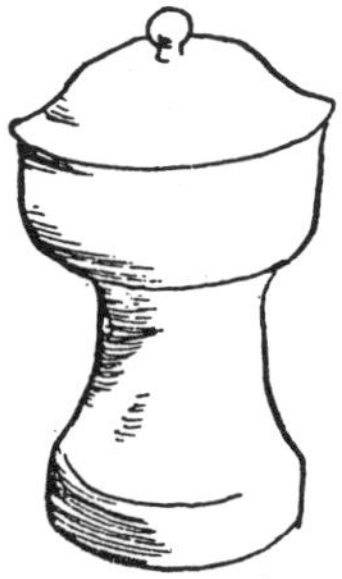

登 二〇

21 沙器馬 사긔마 Sakeuima「鬼神の乘る馬」

部落のお祭高請の際、社稷に供へるもので、一名將帥馬とも云ひ、分院の如き窯場の村では沙器で作られ、時に陶製のものもあり、普通他所では鐵製のものを使用した樣である。

沙器馬 二一

22 젓병 Cŏt pyŏng「乳瓶」

乳を病む婦人が、その乳を一對の瓶に入れて、城隍堂に

乳瓶 二二

供へ祈願するものに乳瓶がある。これは白磁で多角棒狀のものが多い。

朝鮮に於ける祭禮器の大部分は、其の國教たる儒教に準據したものが多いが、この沙器馬及乳瓶等と共に土俗的のものに土主缸がある。これは진둥항아리 Chinteung hangari 又は 진동항아리 Chintonghang ari と稱し、巫覡が銭穀を盛り、これに藁苞を被ひて神體の如く崇奉するものである。大さは一、二升から五、六升を容れ得るもので、田舍の家ではこれを米櫃の上に安置し、内には大概粟又は大豆を納めてあり、家庭に於ける祭主は年長の主婦である。此の器は必ず

23　土主缸
토주항
Thochuhang
「銭穀を納め崇奉する壺」

瓦器である處から考へても、かゝる風は蓋し朝鮮民族に傳はる最も古い型の一つと思はれる。

最後に葬禮の器に墓誌がある。之は死者の生年月日、本、行蹟、墳墓の方向等を誌して墓前に埋むるもので、燒物の外、板石なども用ひられる。

誌石 二四

形態は大略上圖の如くで、大さは菊版位のものが多く、數は一、二枚で足りるものもあり、人によつては十枚を超えるものもある。燒物に文字を記す手法としては、線彫、象嵌、化粧掛に鐵砂、白磁に鐵砂又は呉須の染付等種々あり。是等墓誌は製作年月が判然してゐるために、陶磁研究上にはよき資料である。

24 誌石 지석 Chisyök「墓誌」

II 食器

吾々が器物との接觸に於て、最も密接な關係にあるものは食器であらう。毎日何回となく掌に載せ接吻すら敢てする間柄である。かくも日常生活に深い關係を有するだけに、生活様式の變遷に對しては最も敏感である。卽ちその影響は、質や形の上に時代を追うて變化を見せてゐる。例へば宋や元の傳統を受けた高麗の青磁、繪高麗、天目などの流れを汲んだ李朝初期の陶磁器も、明の流行を追ふに及んで白磁の普及となり、染付が珍重されるやうになつた。又同じ白磁にしても、その姿に於て時代の流れを明かに讀むことが出來る。

即ち挿畫は李朝初期のもので、宋及元代に於ける磁州窯の影響から生れた雞龍山の繪刷毛目と同時代の作で、緣が次第に薄くなり端反りが著しく、模

B A

117

D　　　　C

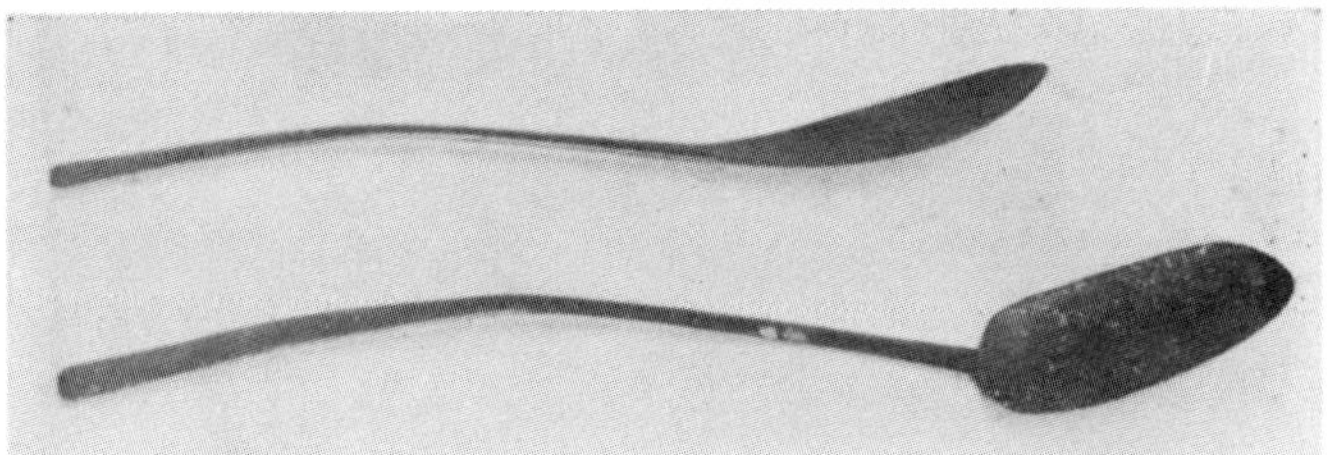

E

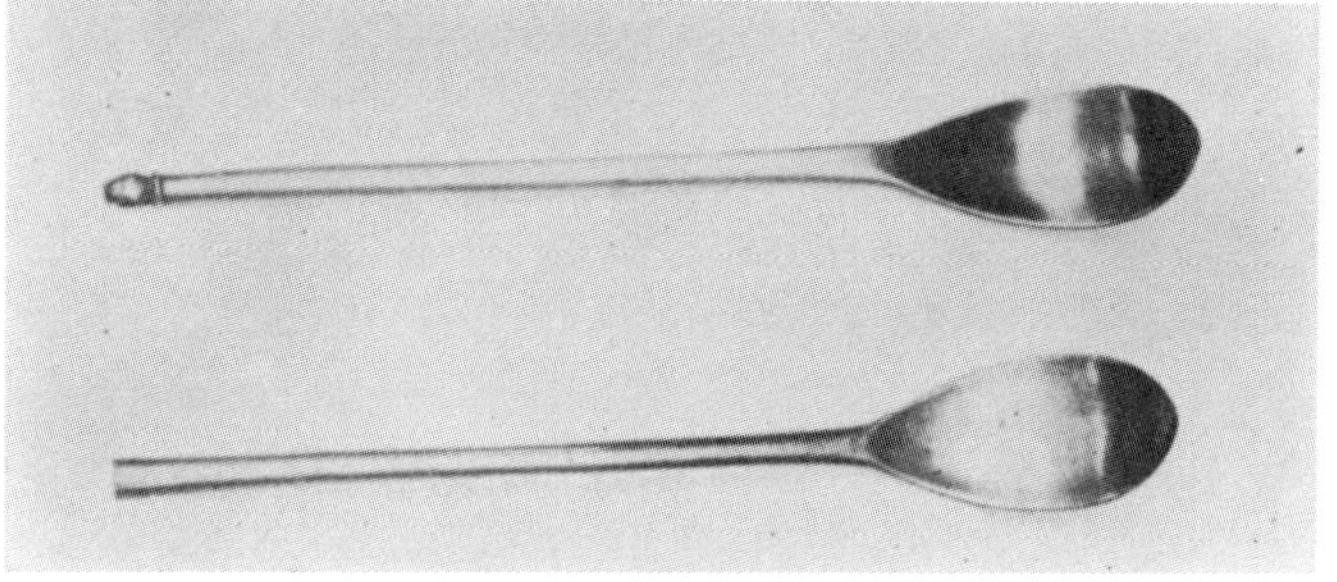

F

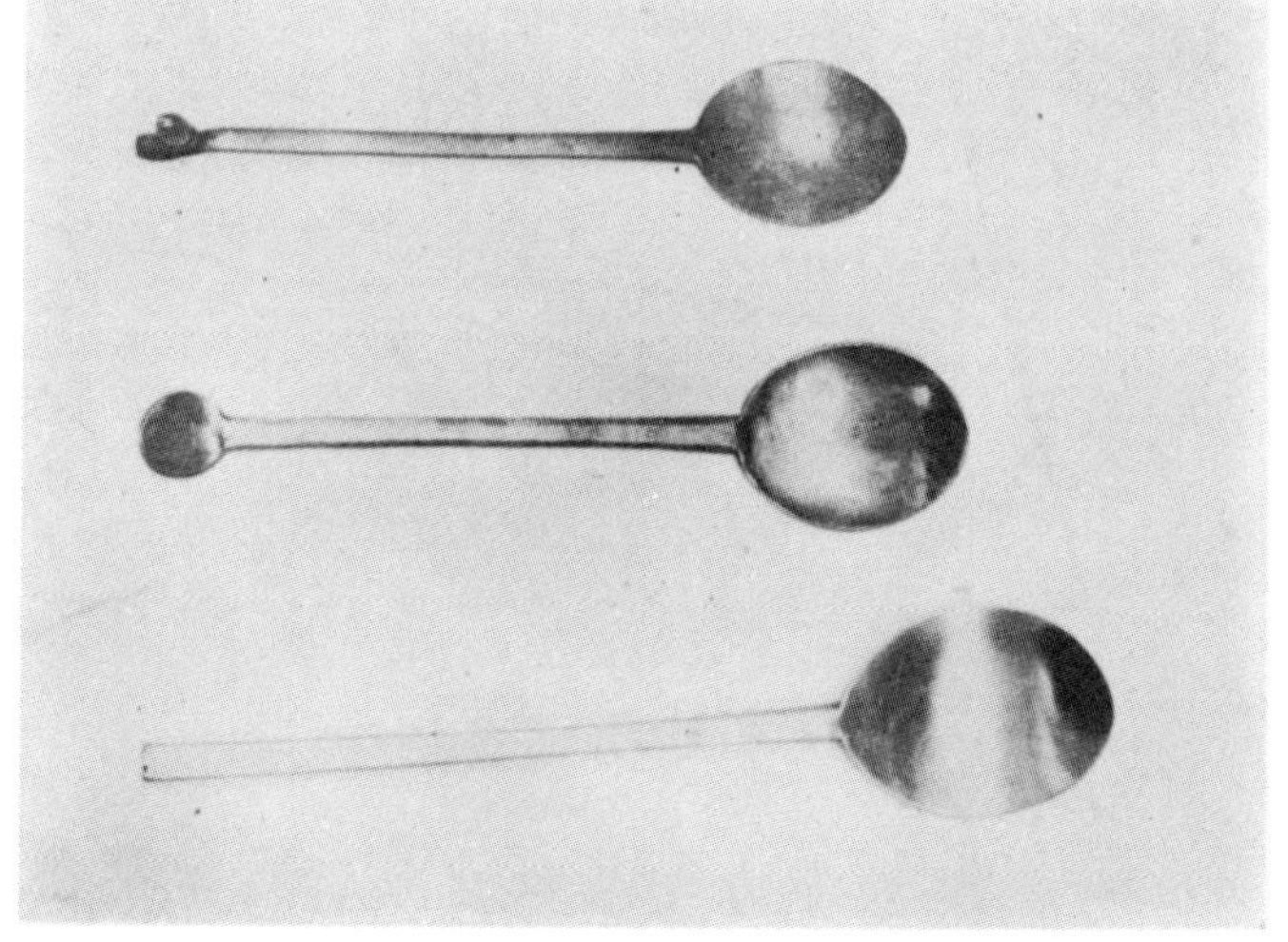

G

H

I

盒沙鉢

所謂三島手の飯盌、蓋は皿の代用ともなる

李朝初期の作

阿川重郎氏所藏

盒

青畫白磁器、李朝末期の優品、副食物を盛る器

淺川伯教氏所藏

様は線彫に鐵釉を象嵌されたものである。

Bは所謂青畫白磁器であつて、Aの後に生れたもの、即ち明に倣つて燒かれた回青の染付である。Cは李朝の中葉に於て最も普通とされた所謂白沙器の標本で、端反りはA、Bに比して少なく、概ね無地である。この分布は最も廣汎であり、これが燒かれた時代も長きに亘つてゐる。次にDは末期の作で緣も比較的厚く端反りは全く之れを失ひ、殆ど直立の狀をなしてゐる。模様は呉須の染付である。

以上は各時代の流行型とも見るべきものを示したものであるが、普通には各時代とも無地のものが一般的であつて、上述の如く模樣のあるものは何れもその時代に於ける上手物に屬する。

尙序に述べておくが、この曲線の關係は碗のみに止らず、壺の緣、瓶の口、皿などにまで表はれ、更に食器と人との間に仲介する匙に於て著しいものがある。即ち挿畫Eは初期に屬し、三島手などと時代を同ふし、Fは中葉のものので、白沙器の形に相應はしく、Gは末期のもので、現代尚此の型が使はれてゐる。匙に於て見る特長の著しき點は、その篦をなす部分が時を追うて次第に圓味を帶びて來た事と、柄の曲線が何時の間にか直線に變つたことである。之等の變化は主に實用上の關係から、他の食器の變化に倣つたものとも見るべく、從つて各時代に於ける食器の姿の反映とも見る事が出來やう。

又碗の形を地方的に見ると、北鮮地方のものは胴が膨れ口稍締りて全體丸味を帶び、高臺比較的小さくして茶人の所謂熊川とかハミキャンタイとか云ふ型のものが多く、南鮮地方のものは胴は殆ど直線に近くして口開き、高臺比較的大きくて所謂井戶系統のものを多く見る。即ち挿畫Hは慶尚南道山清郡の產、Iは咸鏡北道會寧地方の產で、何れも近代のものに屬する。

いつの時代でも食器の大部分は陶磁器が占めてゐた。銀、眞鍮、木器などもあるが、陶磁器の如く一般的ではない。即ち銀器は貴族に限られ、眞鍮器は主として冬期間の使用に適し、木器は普通僧侶のよく使用する處であつて、通常は殆ど陶磁器に限られてゐたと思ふ。

陶磁器から成る食器の種類がどんなものであつたかを知るために、祀宴饌膳を掌つた内贍寺に屬する所管貢物中に於ける陶磁器を拾つて見ると、先づ常磁碗、常貼匙、常大貼、常鍾子、常大沙鉢、常甫兒、白沙瓶、常沙鉢等を擧げる事が出來る(品名の上に冠したる常字は並等を意味するもの)。

又「華營重記」に據れば、その外納庫の備品中に沙磁碗、沙鉢、沙大接、沙湯器、沙盤床湯器、沙甫兒、沙大接匙、沙中接匙、沙小接匙等が記されてある(接は前記貼と同音であつて何れも當字である)。

又「分厨院報謄」(分院の記錄)に就いて廣州稧防(稧防は契房とも書き、公役免除其の他の便宜を得るために官署の下吏に納むること)の器皿を見れば、甲畫中餅匙、盤床小接匙、藥酒盞具臺、瓶例大接、湯器、中鉢、宗子、小接等がある。

而して食膳に供へる一式の食器を飯床と呼び、これが磁製のものを沙飯床と云ふ。沙飯床は通常十一乃至十三器から成つてゐるが、今高級な料理の標準として禮賓寺に於ける支那の使節を遇した献立を見ると、麵一器、炙二器猪肉、生鮮)、蒸二器(雞、海蔘)、湯三器(茋制、猪肉、三魚)、餅一器(床花)、果一器(四味)、進鹽水一器等である。

25 沙飯床 사반상 Sapansang 「一揃の磁製食器」

膳に並べる一揃の磁製食器を沙飯床と云ひ普通沙鉢一、大接一 甫兒三、楪匙五、鍾一等であつて、總計十一乃至十三位である。

26 沙 鉢 사발 Sapal 「飯磁盌」

沙鉢は飯用の盌であつて、朝鮮に於ては一食一盌である關係上比較的大形である。尤も同じ沙鉢にも大、中、小の

沙鉢 二六

바라기 二七

立器 二八

鉢湯器 二九

湯器 三〇

別があり、大沙鉢、中沙鉢、小沙鉢などと呼ぶ。沙鉢に當てられてゐる漢字は盌であつて、又椀、碗、埦などもある。沙鉢にして朝顔狀に口の開いたのを바라기 Paraki と云ひ、口の立つてゐるのを立器と呼ぶ。又更に口が內方に向つて締つたものを鉢湯器と名づけ、普通婦女子の飯盌に用ひられ、これに似て稍大形をなし汁盌として用ひられるものに湯器がある。

次に沙鉢より稍小形のものに보시기 Posiki, 鍾子、鍾鉢、茶鍾などがある。보시기は보、又は보아とも云ひ、甫兒の當字が普通に用ひられる。大さは沙鉢と鍾子との中間で、口部と下部とが殆ど同大である。보시기に相當する漢字は甌であつて、盌之小者爲甌、又碗深者爲甌と記されてある。

27　바라기
Paraki
「平盌」

28　立　器
립긔
Ripkeui
「筒盌」

29　鉢湯器
발탕긔
Palthangkeui
「婦女子の飯盌」

30　湯　器
탕ㅅ긔
Thangkkeui
「汁盌」

31 보시기 (甫兒) Posiki 「小盌」

用途は食膳に漬物を盛つて供へるものである。

32 鍾子 죵ᄌᆞ Chyongcha 「猪口」

鍾子は甫兒より更に小形で、酢、醬油等を容れ食膳に置くもので죵주Chyongchuとも呼ぶ。

33 鍾鉢 죵발 Chyongpal 「鉢狀小盌」

又鉢形の小盌で鍾子と同様の用途に供せられる器に鍾鉢があり、茶鍾は所謂湯呑である。

34 茶鍾 차ㅅ죵 Chhachchyong 「湯呑」

一般に鍾字のつく器は、鍾狀小形の盌であつて、鐘字を用ふることも

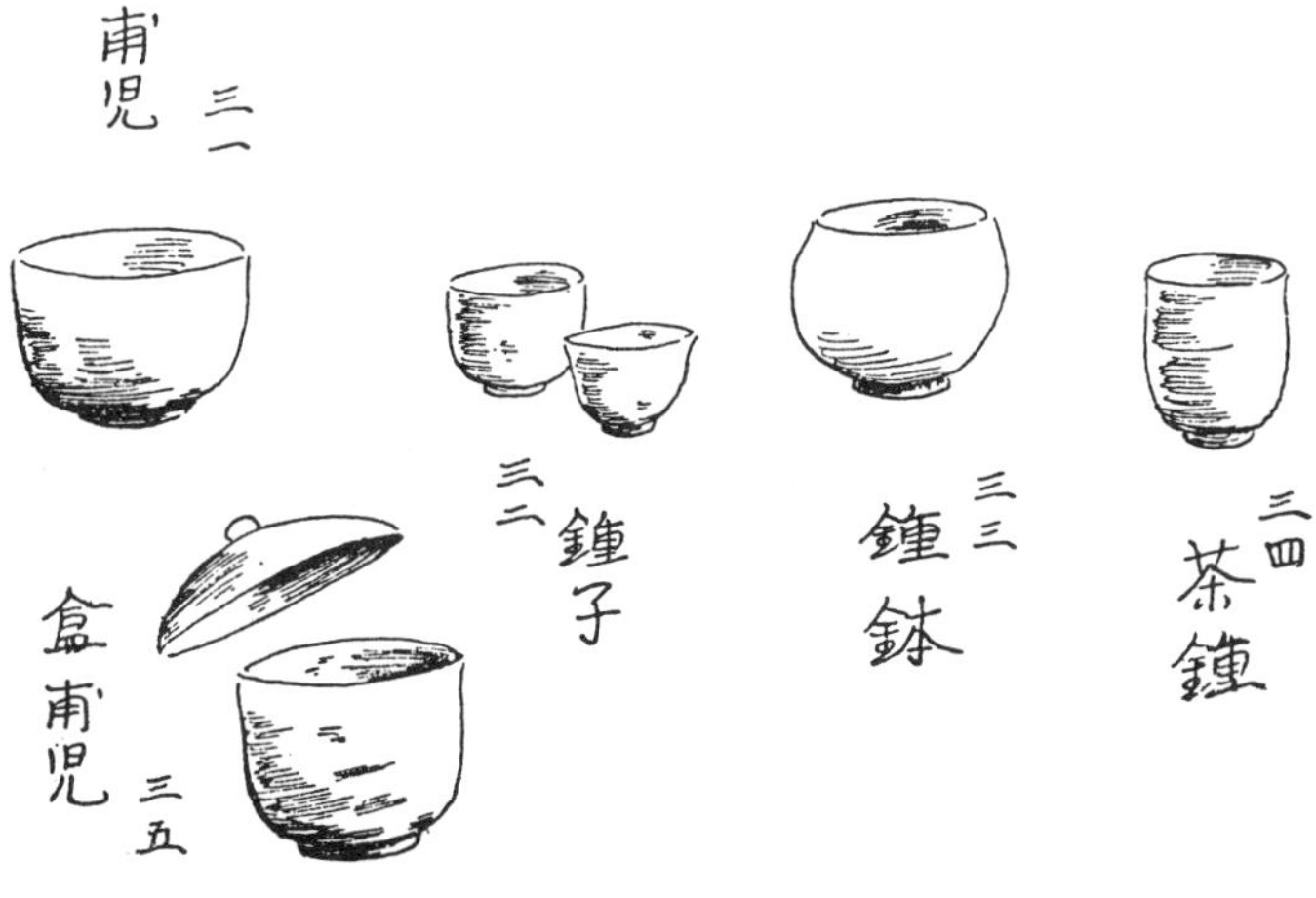

三一 甫児

三二 鍾子

三三 鍾鉢

三四 茶鍾

三五 盒甫児

ある。

35　합보시기　Happosiki　「蓋茶碗」

以上の器物に蓋のあるものは、名の上に盒字を冠して呼ぶ。例へば甫兒の蓋を有するものは盒甫兒である。

又空器と稱し、食物を盛らずして食膳上に置き、必要に應じて使用する盌もこの甫兒の類である。

36　大　接　대접　Taichŏp　「丼鉢」

沙鉢より更に大形で羹、麵類などを盛る器に大接があり、別に大貼とも書く。高三寸、口徑六寸位の比較的大形の鉢で、平常は食後に喫する숙늉 Syuknyung (飯を炊きたる後釜に水を入れて暖めた湯)が盛られる。

大楪　三六

食膳に於て主に副食物を盛る器は皿であるが、これは楪

37 접시 Chöpsi 「皿」

38 盞 잔 Chan 「杯」

匙と呼ばれる。此の楪匙は접시 Chöpsi の當字であつて、別に貼匙텁시又は接子접ᄌ·などとも書く。古い昔に於ては此の類は木器であつたものの如く、楪、木楪などの名稱があり、燒物には即ち甕楪の名がある。

三七　楪匙

以上は普通食器の一般であるが、酒器になると樣々の意匠を凝らした器物が多い。

盞は술잔 Sulchchan 又は酒杯쥬비 Chyu pai と云ひ、醆、盃、琖、艤等の字も書く。蓋し琖、艤等は材料の質から來た字であらう。「山林經濟」の筆者は『觴、磁を以て燔き出し、純白玉の如きものを佳とし、木瘿の盃も眞率にして好し』と云ふ

39 盞坮 잔ㅅ디 Chanttai「杯托」

40 酒煎子 쥬젼ᄌ Chyuchyöncha「銚子」

41 자라병 Charapyŏng「扁壺」

42 葫蘆瓶 호로병 Horopyŏng「瓢形瓶」

43 酒盒 쥬합 Chyuhap「酒瓶ある蓋物」

てゐる。盞には普通盞坮が附屬してゐる。朝鮮の風俗では會食の場合、一盞を以て之を廻して順次に飮むことになつてゐる。盞坮は別に托盤とも云ふ。

次に酒注の最も普通なものは酒煎子であるが、實際酒を暖めるのには金屬製のものが適し、磁製のものは燒酎の如く暖めずに飮むものに適してゐる。

又野外用の酒入れとしては、俗に扁壺と唱へるものや瓢簞形の葫蘆瓶や、酒瓶と肴鉢とを組み合せた酒盒や、辨當箱に仕込まれた四隅瓶などがある。扁壺は本名が자라병であつて偏提、山壺などとも呼ぶ。

その他酒に關係した器物に酒壺、酒瓶、壺觴、缾等の語があるが、別に特定の形を持つ譯でない。又酒席に用ふる

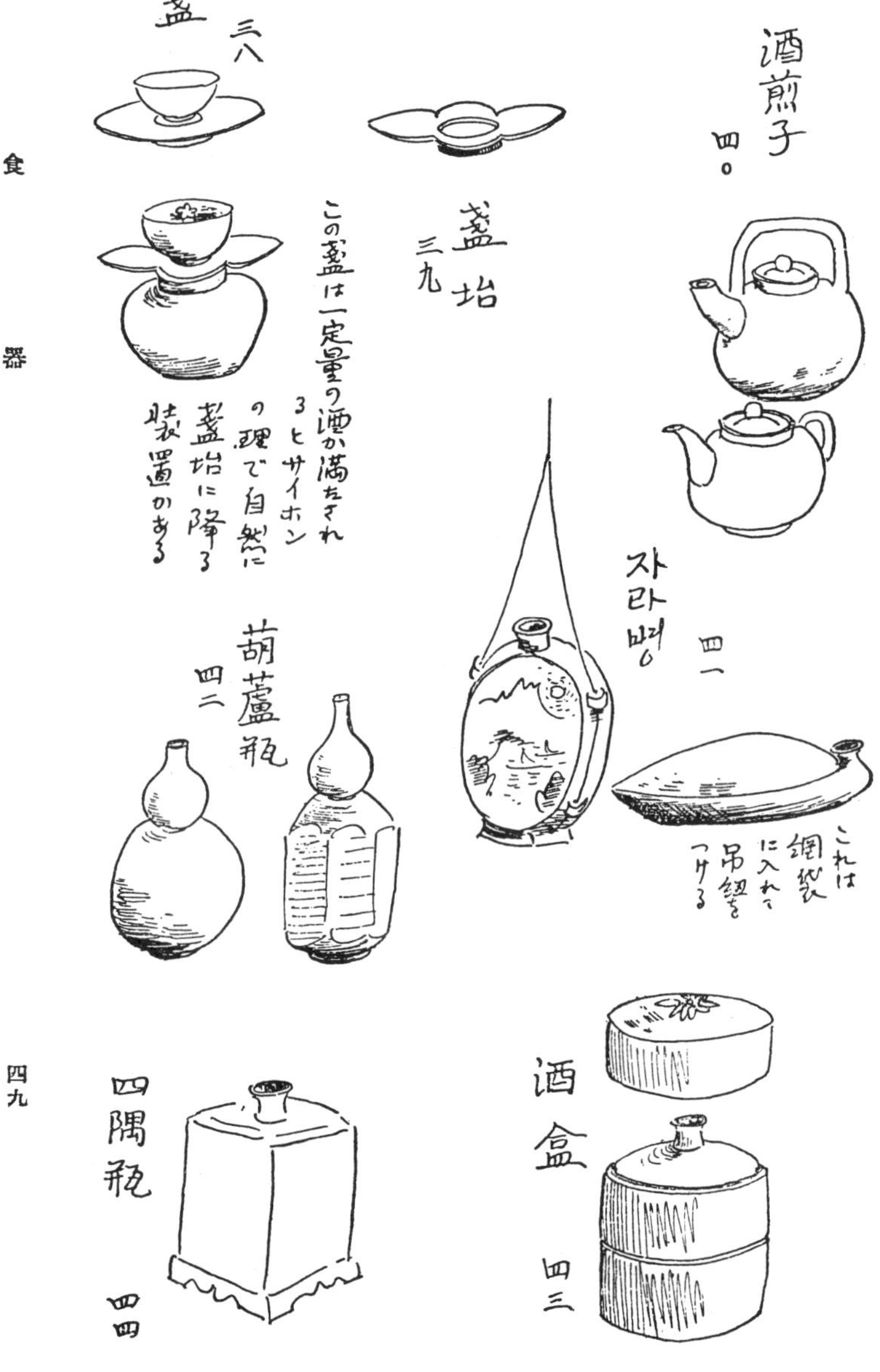
酒煎子 四〇
盞 三八
盞坮 三九
この盞は一定量の酒が満たされるとサイホンの理で自然に盞坮に降る装置がある
자라병 四一
これは網袋に入れて吊紐をつける
葫蘆瓶 四二
酒盒 四三
四隅瓶 四四

器物の總稱に杯盤비반 Paipan 又は飲具等の名稱もある。

次に種々な料理を盛る器に盒又は饌盒がある。盒は半圓の蓋を有する大形の食器で、別に沙盒等の名もある。沙盒は磁製蓋物の意で、饌盒は二重乃至四重の重ね蓋物である。

藥味入れにも様々の形を見るが、通例小形の壺が二つ乃至四つ連結してゐて、その各に唐辛子、胡椒、胡麻鹽などを容れて食卓に備へるもので

44 四隅瓶 사모병 Samopyŏng「四角瓶」

45 盒 합 Hap「蓋物」

46 饌盒 찬합 Chhanhap「重ね蓋物」

47 약염항아리 Yakyŏmhangari「藥味壺」

48　툭박이
Thukpaki
「陶器の鉢」

ある。この二つ連結したものを一名쌍항아리 Ssanghangari と呼んでゐる。쌍は雙の意である。

툭박이は陶器で造られた鉢であつて、오지又は칠긔から成り、火氣に强いので之を直接火に掛けて、日本の茶碗蒸しの如き料理を造り、その儘食膳に載せることもあり、설넝탕 Sönöngthang の如き飯屋に於て主に之を使用する。この名稱は地方により次の如く様々であるが、大同小異である。툭배기、툭배리、뚝배기、둑수리、툭수리。

툭박이

四八

次に圖の如き磁製散蓮華を沙匙と呼ぶ。

49 沙匙

사 시

Sasi

「磁製の匙」

50 箸筩

저 통

Chyöthong

「箸筒」

又箸筩にも陶磁製のものが少なくない。これに一箸のものと二箸連結したものとがあり、二箸のものは酒幕などの卓上に置いて、客の使用した箸と洗滌した箸とを別けて差す用に供される。下部に附せられた孔は濡れた箸の乾燥を促すためである。

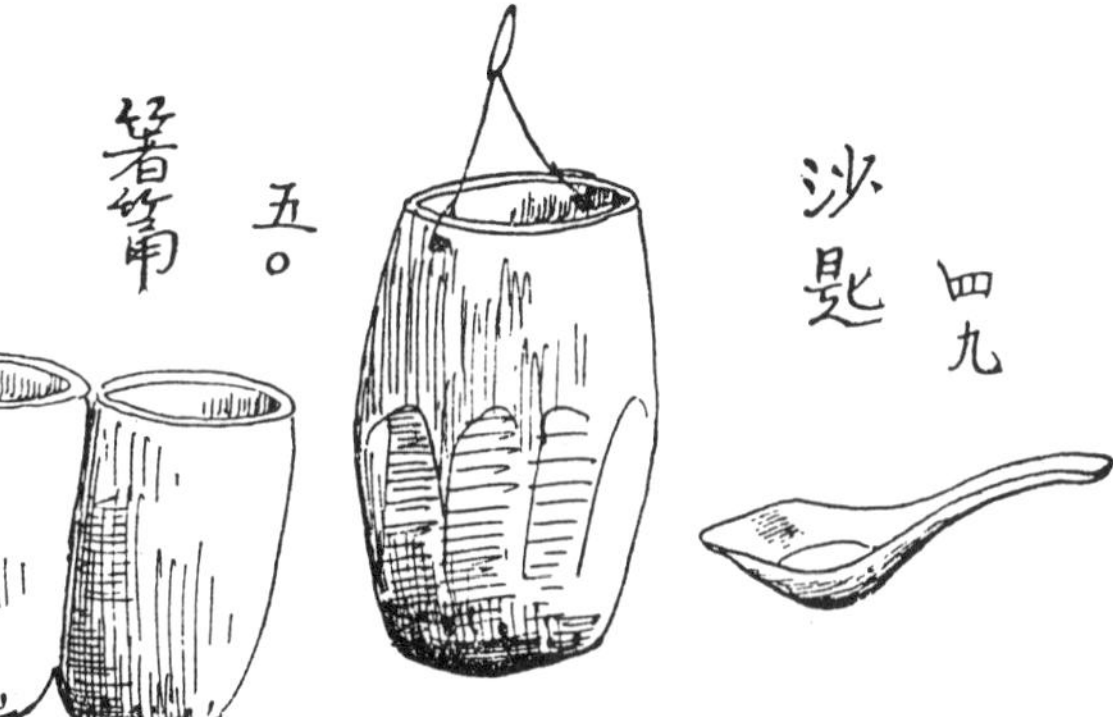

硯滴

仙桃形朱點入

朝鮮民族美術館所藏

硯滴

(右)青畫、栗　朝鮮民族美術館所藏

(左)同、大極、七星、八封　同所藏

硯滴

(右)青畫、仙桃　朝鮮民族美術館所藏

(左)青畫、水草　淺川伯教氏所藏

III 文房具

文房具のうちにも陶磁の器が随分多い。これは食器などの如く數量の多さでなくして種類の多さである。この種類と云ふのも品目の種類でなくして意匠の變化である。文房具は概ね製作が自由であつたらしい。他の器物の如く一定の形式に從ひ規定に基いて作られたものでなく、又一般の商品の如く同一の型を多數焼いたと云ふ様なものも少なかつたらしい。而して陶工等が興味を以て自ら勝手に作つたと思はれるものや、或は又窯元へ出張した係りの役人とか畫員などに所望されて特に焼いたと云ふ風なもの、又は畫員が自ら意匠し揮毫までした様なものが多いのである。

朝鮮は文筆の國だけに、此の文房具の意匠には優れた又奇抜なものが尠くない。例へば水滴などになると、見るものも見るものも殆ど同一のものはなく、個々に異つた形狀、模様を示し、實に創作的のものが多く、この水滴ばかりでも何百種に達するか見當がつかない程である。

又この文房具は使用者が多く文人であるために、食器などに比し扱ひが叮嚀である關係もあり、よく使ひ馴らされてゐる事と、比較的古いものを傳世として見ることの出來る喜びがある。

李朝陶磁器の有する溫雅な味は、文房具特に水滴に遺憾なく盛られてゐると云ふても過言でない。

51 硯滴
연덕
Yöntyök
「水入」

硯滴は水滴、水礶、水注、玉蟾蜍などの別名を有つてゐる。文房具中種類と數とに最も富んだ器であらう。「山林經濟」の記す處によれば『硯滴、銅性猛烈にして水を貯ふること久うせば毒有り、多くは筆毫を脆くす。磁は木より好きも、竹に若くは莫し。竹の堅厚に節促まり、其の長さ二寸許のものを取り、小竹を以て揷して嘴を作れば甚是標格清致、誠に野人の物也』とあるを見ても、磁器は水滴に好適してゐたことが認められ又當時の朝鮮人有識者の趣味も想像出來、今日の傾向と大分異つてゐたことを思ふ。

次に筆筩、筆洗、筆架などがあり、硯も亦屢見る處である。その他陶印、肉池があり、繪具皿も磁製は色の加減を見

52 筆筩 필 통 Philthong 「筆立」

五一 硯滴各種

るに至極喜ばれたものである。

而して筆筩は筆筒とも書き、硯滴と共に文房に於ける裝飾ともされたもので、意匠の優れたものが多い。卽ち陽刻、透彫、鐵砂畫、染付及之等の併用からなるものもある。

筆架は別名を筆床、筆屛、筆峰、筆山、筆格等と呼び、これにも種類が多く、水入を兼ねたものなどもあるが、筆山、筆峰等の名の如く山形をしたものが多い。

筆洗にも亦種々の形あり、繪具皿を兼ねたものなどもある。

硯や印章に至つては、玉石類の如き優れた他の材料があるので、陶磁器の方は餘り進步してゐない樣に思ふ。

53 印朱盒　인쥬합 Inchyuhap「肉池」

54 彩器　취긔 Chhaikeui「繪具皿」

55 筆架　필가 Philka「筆置」

56 筆洗　필ᄉᆡ세 Philssöi

57 별우 Pyö'u「硯」

58 圖章　도쟝 Tochyang「印」

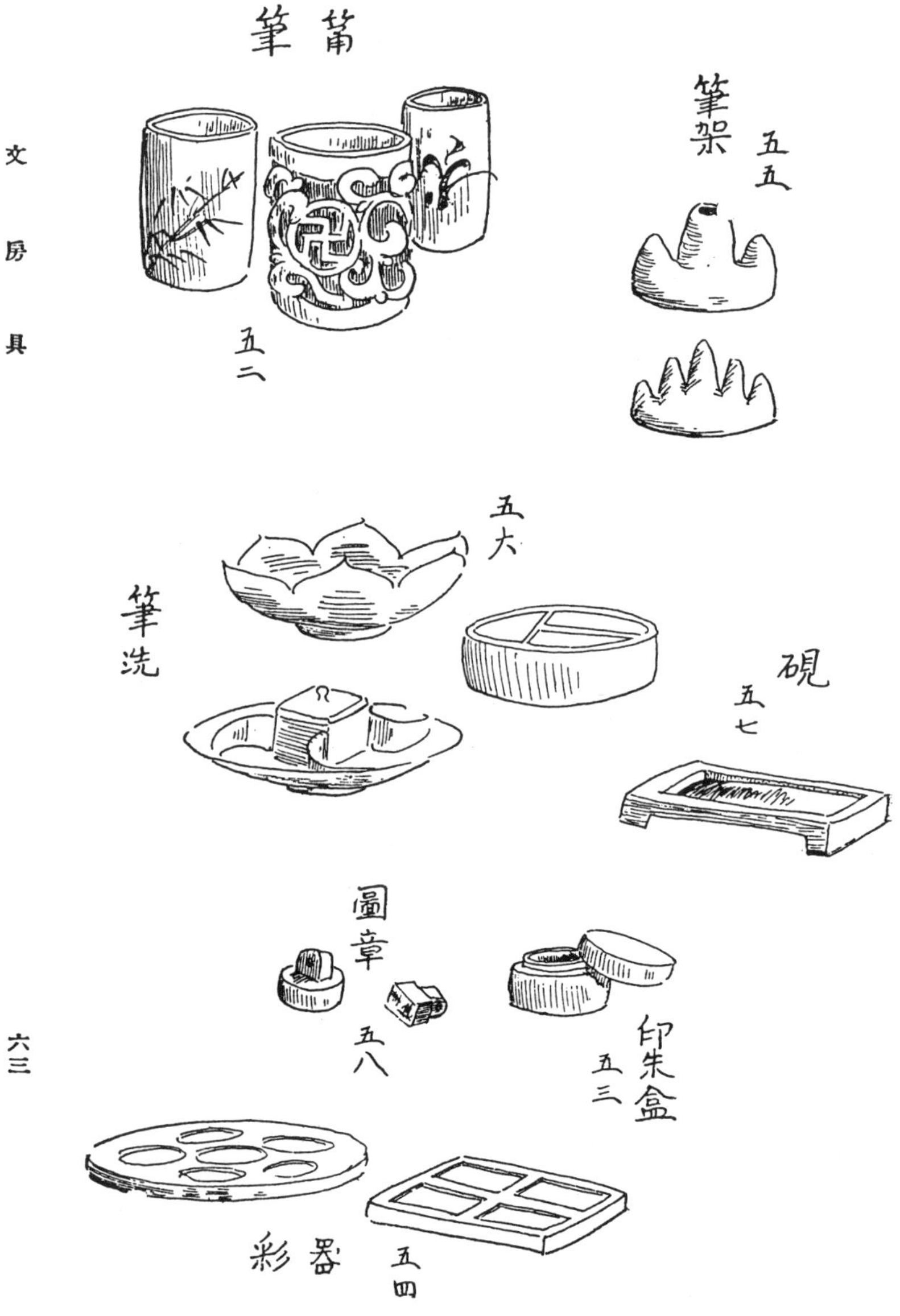
筆筩
五二
筆架
五五
五六
筆洗
硯
五七
圖章
五八
印朱盒
五三
彩器
五四

IV 化粧用具

化粧用器皿中にも陶磁器は少なくない。殊に婦人の白粉器は隨分變つた種類に富んで居る。朝鮮の普通民家が有つ染付ある磁器は恐らく龍壺と此の白粉器位のものであらう。然もこの白粉器には無紋のものは殆どなく、大概染付が施してある。染付磁器の嚴禁されてゐた世に、どうしてこれを所持するに至つたかを考へて見ると、白粉器は婚禮の道具として用意されたものらしい。朝鮮の習慣では婚禮の時だけは百姓町人も大官の禮裝をすることが出來た。それで禁じられてある朱塗の鏡臺なども、嫁入道具としては一般に普通のものとされてゐた。話しは少々橫道に入るが、先年或る處で一青年が結婚式に現制勅任官の大禮服を着用した、これを探知した警察部がそれを大事件として檢べ上げた處、親戚に當る道知事の禮裝を借用したものと判明した。

粉器各種

朝鮮民族美術館所蔵

泥棒を捕へて見れば我子なりと云ふ事があるが、此の場合は犯人が親戚の親爺であつた。處がその知事は朝鮮の老人故、舊來の習慣で、何氣なく只親戚に當る青年の前途を祝福する意味で自分の禮服を着せたのだとある。『借して惡いと云ふ規則もあつたかね』位のことで事件は濟んだらしい。こんな次第で結婚の時は祖先又は親戚に大官のあることは大なる名譽とされてゐるので、花嫁の鏡臺に納める染付の白粉器も當時は一種の誇りであつたと想像される。

化粧用具に屬するものは、概ね婦人の持物だけに、優しく可愛らしく出來て、殊に古いものになると代々の花嫁の掌に護られ且つ磨かれた爲に、その面がよく馴らされてゐるものが多い。

59 粉 盒

분 합
Punhap
「白粉盒」

化粧用具のうち主要なものは先づ粉器であらう。粉器のうちには更に粉盒、粉楪匙、粉缸、粉水器などがある。これ等は何れも小形の圓又は六角形のものが多く、稀に四角形のものもある。而して粉盒は香盒などに利用されることがあるが、随分適當した形のものが多い。

60 粉楪匙
분접시
Punchyŏpsi
「白粉皿」

粉楪匙は粉盒又は粉缸に附屬して一組となつたものもあり、又單獨のものもある。

61 분항아리
(粉缸)
Punhangari
「白粉壺」

又粉缸は之れをインキ壺などに利用して好適な格好で、なか〱美しいのがある。

62 粉水器
분수긔
Punsukeui
「白粉用水入」

粉水器は小形の瓶か又は硯滴の如き形を有つてゐるが、硯滴より遙かに小さく、徑一寸五分以內位が普通である。

63 母子盒
모ᄌᆞ합
Mochahap
「入子の蓋物」

尙母子盒と稱し、大形の蓋物の內に以上の粉器一式を納めたものがある。

64 기름병
Kireumpyŏng
「油壺」

頸短かく胴の丸く膨れた瓶に 기름병 がある。これは髮油を入れる器であるが、何處となく日本の油壺と共通な感

五九 粉盒

六〇 粉楪匙

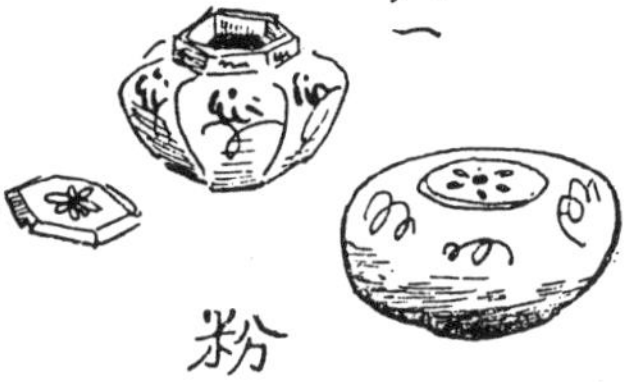

六一 粉缸

六二 粉水器

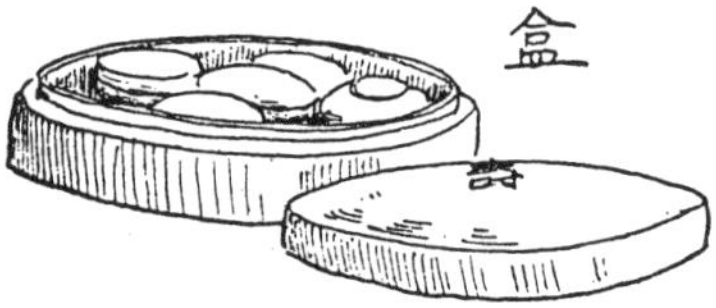

六三 母子盒

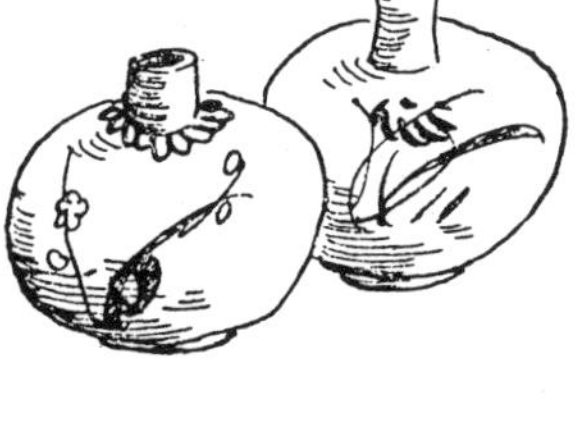

六四 기름병

じがある。

次に洗面用の器に세수소릐、옹비기、비누합等がある。

비누합は重ねの蓋物で、饌盒よりは小形で、二層又は三層をなし、各層に食鹽、洗粉などを入れて置く。

세수소릐及옹비기は何れも瓦器の洗面盥である。普通洗面盥は金屬製のものが多く用ひられるが、田舍に行くと地方によりよく使はれてゐる。세수소릐は北鮮に普通であり、옹비기には底の内面に魚などが線彫してあるのを見る。

養齒器は含漱器であつて、洗面の時のみ使用するわけではないが、便宜上玆に記した。重ねてある碗に水を入れ、含漱して下の壺に吐き出すもので、食後にも用ひられる。

65　비누합
Pinuhap
「洗粉用の蓋物」

66　세수소릐
Söisusorai
「洗面用瓦器」

67　옹비기
Ongpaiki
「洗面用瓦器」

68　養齒器
양치긔
Yangchhikeui
「含漱器」

비누합 六五

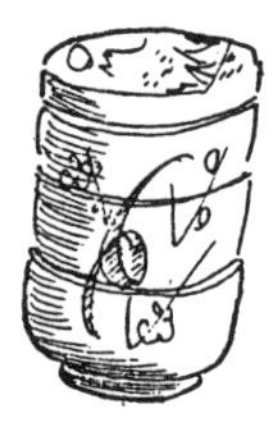

세수소릐 六六

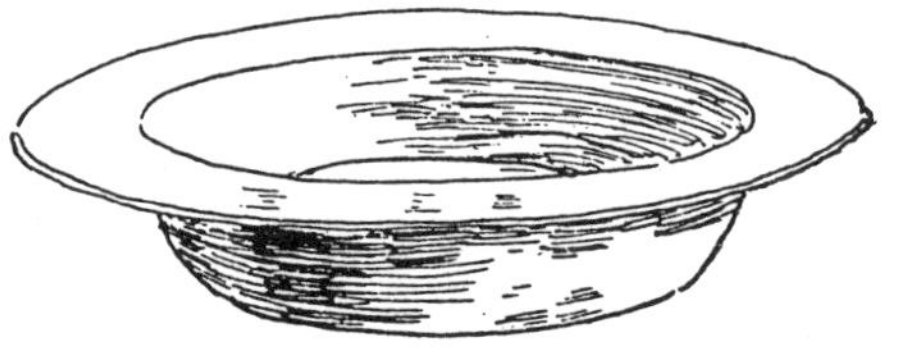

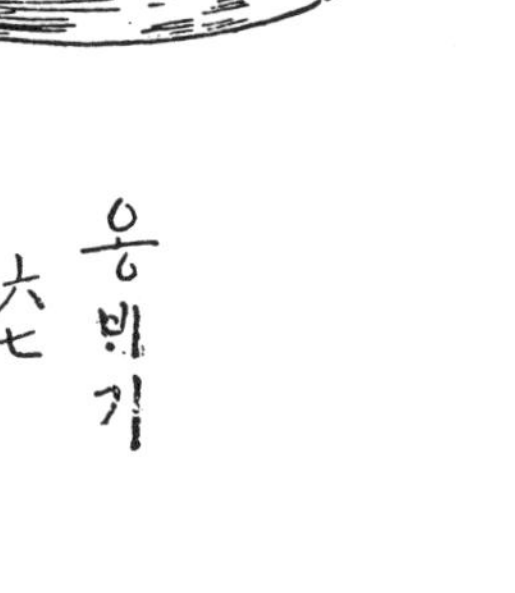

웅비기 六七

養齒器 六八

V 室内用具

李朝陶磁器の特性とも云ふべきものに、用を離れた器物のないことを數へ得ると思ふ。高麗青磁にも、日本の燒物にも、用を離れ美術として眺めるための所謂置物に屬するものがある。初めから目的を裝飾に置いて作つたものである。然るに李朝の陶磁器には殆どそれを見ない。もしあればその置物こそは室内用具の重要な位置を占むべきであるが、それに該當するものは皆無と云ふてもよい。或物は置物として見た方が穩當と考へられる樣なものもないではない。例へば特種な技巧を凝らした水滴、筆箭、枕等であるが、之等とても名の示す通り立派な用途を持つてゐる。然し置物となる資格は充分あるであらう。用途に生きると云ふことは器物存在上の强味である。用途を持つものは假りにその用から離れて置物にされても厭味がない。寧ろ置物とし

陶枕

白磁透彫、青龍、白虎、玄武、朱雀

李王家博物館所藏

ての價値が加へられるかも知れない。然るに此の項で語る室内用具の大部分は、僅かに便器、火鉢位を殘して過去のものとなり、現在朝鮮の家庭に使用されてゐるものは稀になつた。室内用具の材料として吾人の觸覺によき感じを與へるものは木竹、漆器、角類等に亞いで陶磁器であらう。そのうちでも陶磁器は清潔に保たれ易い特點を持つてゐる。玉石や金屬になると第一觸れた感じが惡い。然るに經濟上や何かの關係で、陶磁器が室内から辟し去らなければならぬ運命になつたとは淋しい事であるから、こゝに一言辯護する次第である。室内用具に陶磁器を用ひない主な理由は、壞れ易いと云ふ點であらう。然し壞れ易い物を叮嚀に扱ふと云ふことは、昔の人の持つて居た美德であり、茶人などは最も此の修養をした人達であつた。然るに現代は此の德が薄らぎ、器物を手荒く扱ひ、つかへばこはれるやうにすら考へるものがある。壞れ易いものを叮嚀に愛用する訓練には、陶磁器は最も好適の材料である。壊れ易いものを愛用してゐる人には思慮、寛容、思ひ遣りなどの徳が養はれてゐる氣がする。

69 燈 등 Teung 「ランプ」

室內用具の主なものを擧げると燈、煙草、花、火氣及便用などのものであつて、燈用としては燈、燈盞、燈笠、燈鍾子、燭臺、燭篙などが數へられる。これ等の器物が愛用された時代の胡麻油は石油となり、蜜蠟は石蠟となり、かうした材料の變遷と共に之等の器物も人々から段々忘れられつゝある。

70 燈盞 등잔 Teungchang 「ランプ燈明皿」

71 등갓 （燈笠） Teungkat

然し今日でも佛前や産婦の部屋などには此の類を見うける。

72 燈鍾子 등종자 Teungchyongcha 「油猪口」

約百年前の詩人金鑢は次の如く蠟燭立を愛用し詩にしてゐる。

73 燭臺
초ㅅ대
Chhottai

挿燭粉甕箭
皆言製兼別
用來小輕便
爽捷不如鐵
（權直長聖尹燔
造白甕燭箭送一
枚……粉甕燭箭）

74 담비합
（煙草盒）
Tampaihap
「煙草用蓋物」

煙草用具としては煙草盒、灰皿、煙管抬及水煙箭等がある。

煙草盒は刻煙

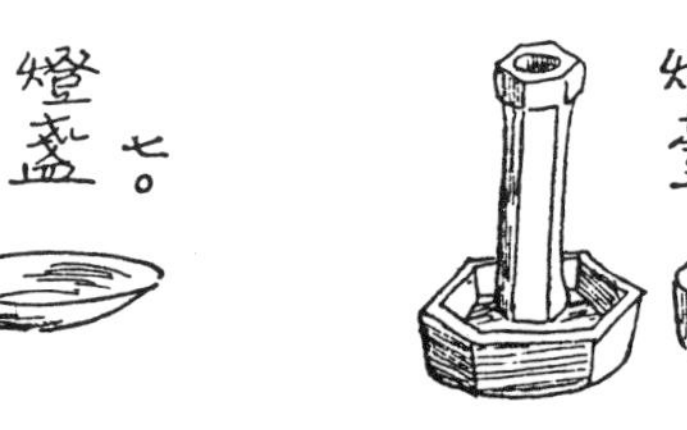

草の容器であるが、此の頃の巻煙草を入れる事も出來る。

75 재떠리 Chaittöri 「灰皿」

灰皿には随分便利に出來たものがあり、現代にも實用となるものがある。

76 담ᄇᆡ통밧침 Tampaithong pachchhim 「雁首臺」

煙管培とは室内で煙草を喫する人が、煙管の雁首をこれに靠らせて置くと、灰が散らないのみか、蚊帳の内などでは火の用心にもなり、至極重寶であるらしい。

77 水煙筩 슈연통 Syuyönthong 「水煙管」

水煙筩は煙草の煙が一旦水

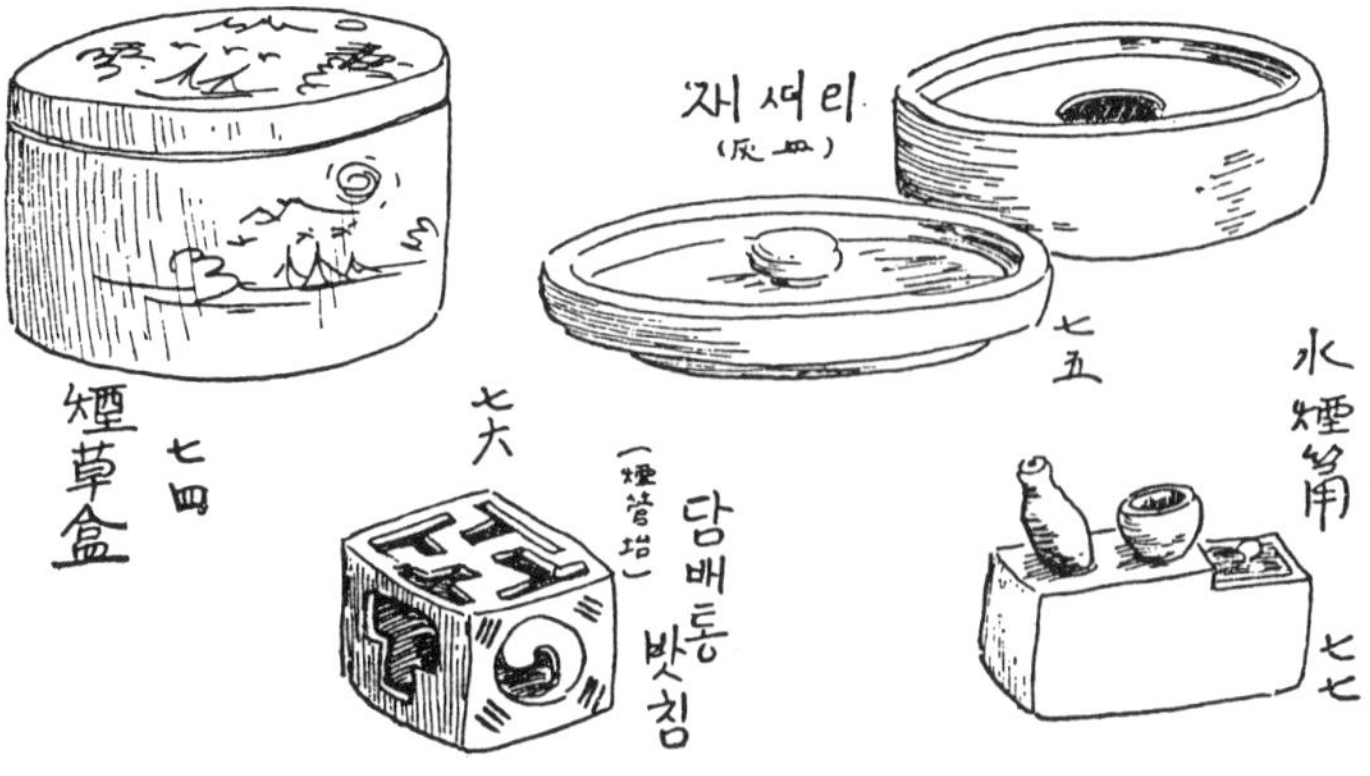

재떠리（灰皿）七五

煙草盒 七四

水煙筩 七七

담배통밧침（煙管培）七六

中を潜つて煙の脂を少なくして口に入れる装置をしたもので、普通金屬製であるが、稀に磁製のものもある。これは支那人の愛用する器である。

78 花瓶 화병 Hoapyŏng

花に關係したものには花瓶、花盆、水盆、盆坮などがある。朝鮮特に李朝に於ては、花瓶として専用に造られたものが少ないやうに思ふ。當時の隣邦日本及支那には花瓶は多い。高麗にも優秀なものがあつたのに、李朝に於て稀になつたことは不思議である。「山林經濟」には記して『餅、唐餅甚佳、而も畫無きもの絶えて少なし、我國の白餅唐の本燔きに倣ふ者を用ふるも亦佳し、略淡青を施すも亦妨無し』と云つてゐる。唐餅は勿論唐物の意であつて、明の染付瓶を指してゐる。かくの如くあるにはあつても、支那の

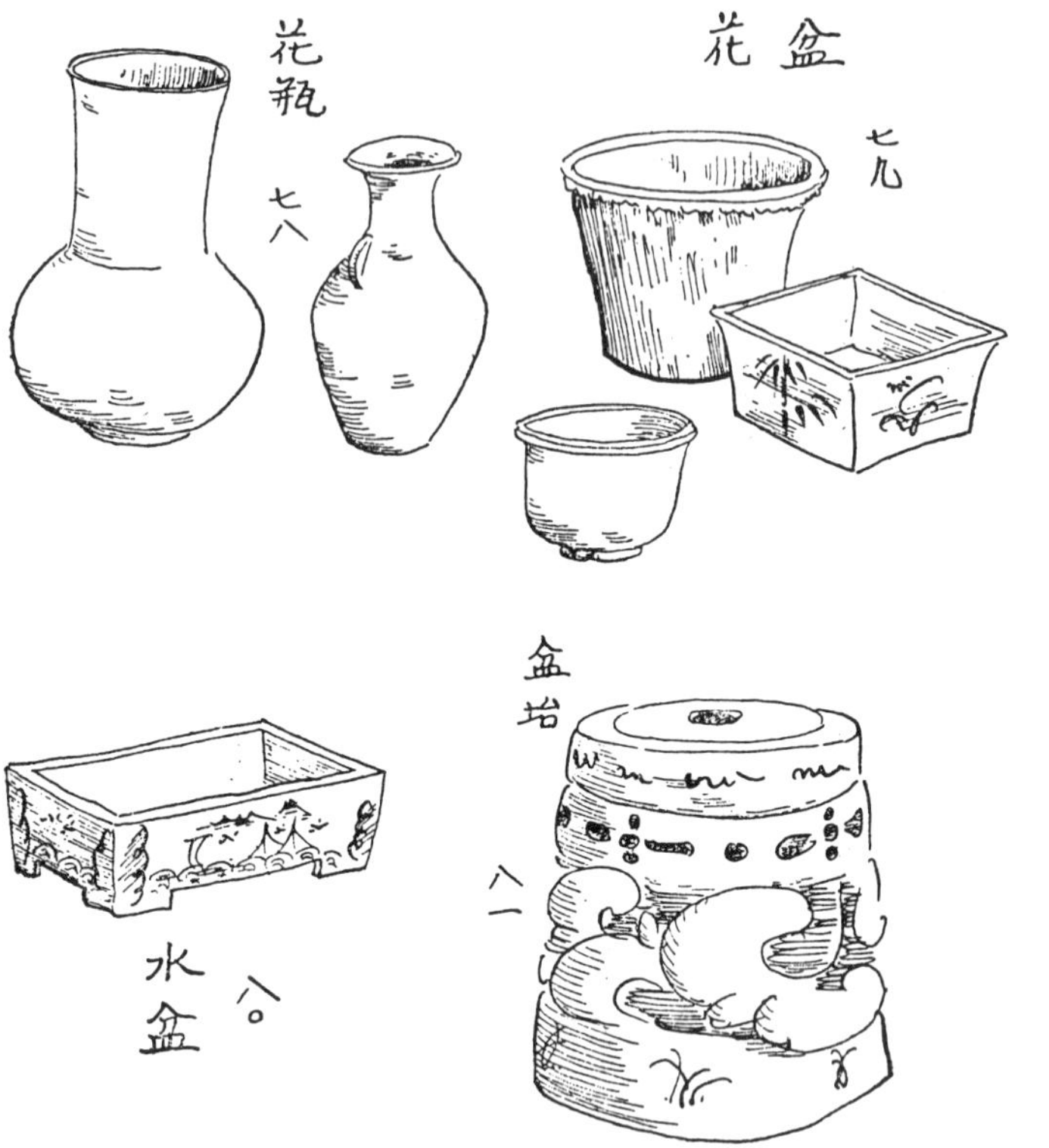
花瓶
七八
花盆
七九
盆台
八一
水盆
八〇

79 花盆 화 븐 Hoapun 「植木鉢」

80 水盆 슈 븐 Syupun 「水盤」

81 盆抬 븐 듸 Puntai 「鉢臺」

82 火爐 화 로 Hoaro 「火鉢」

物が第一位に置かれたことは事實であらう。

花盆は又單に盆とも云ひ、植木鉢のことであつて、普通には瓦器が最も多い。然し烏只や磁器のものもないではない。朝鮮人に盆栽として愛される花はあぢさい、ざくろ、ばら、くちなしなどである。

水盆は寒中溫突內で水仙を養ふ事に最も多く使はれる。

盆抬は別に븐밧침 Punpachchhim とも云ひ、植木鉢の臺であつて、大形のものになると腰掛けになる。然し朝鮮には支那の榻の如く出來たものは極めて稀である。

次に火氣を扱ふものに火爐、風爐、火石などがある。火爐には陶製も磁製もあるが、風爐、火石は主に陶製である。而して火爐は主に採暖用であつて、風爐は煎藥用又

83 風爐
풍로
Phungro

は炊事用に適してゐる。之等に盛られた炭火を長く保たせるために、.火石と云つて、その上に扁平な石又は瓦片を置く風習がある。尚此の目的にあてるために瓦器で出來てゐる器もある。

84 불ㅅ돌
(火石)
Pulttol
「火鉢の火を覆ふ石又は瓦片」

85 벼개모
(枕隅)
Pyökaimo
「枕の兩側に附する板」

枕や枕隅にも磁器の利用されたものがある。朝鮮の寢室は所謂溫突であつて、床面全體が暖まる關係上、枕には木竹製のものがよく使はれる。

86 陶枕 도침 Tochhim

87 요강 Yokang 「尿器」

陶枕 八六

枕隅 八五

磁器も亦頭を冷やすためには適した材料で、溫突の書齋に於ける假睡などには適當してゐると思ふ。

枕隅は普通布製の枕や脇息の兩側の膝つた部分を留め且つ裝飾とするもので、彫刻、染付などの優れたものも少なくない。

終りに不淨物を入れる器が殘された。朝鮮の民家に於ては、平常寢室内に尿器を持ち込むことになつてゐる。尿器は痰壺などと共に盤に載せ、部屋の一隅に置かれる。寒氣のはげしい朝鮮の冬は、斯くしなければ凌げない地方が多いので、自然に馴らされた風習であらう。

88 타구 Thaku 「痰壷」

痰壷の朝鮮名は타구Thakuであつて、唾壷又は涎盂などの字もあり、尿器は溺江とも呼ぶ。尿器にも唾壷にも様々の形がある。

타구 (痰壷) 八八

요강 (尿器) 八七

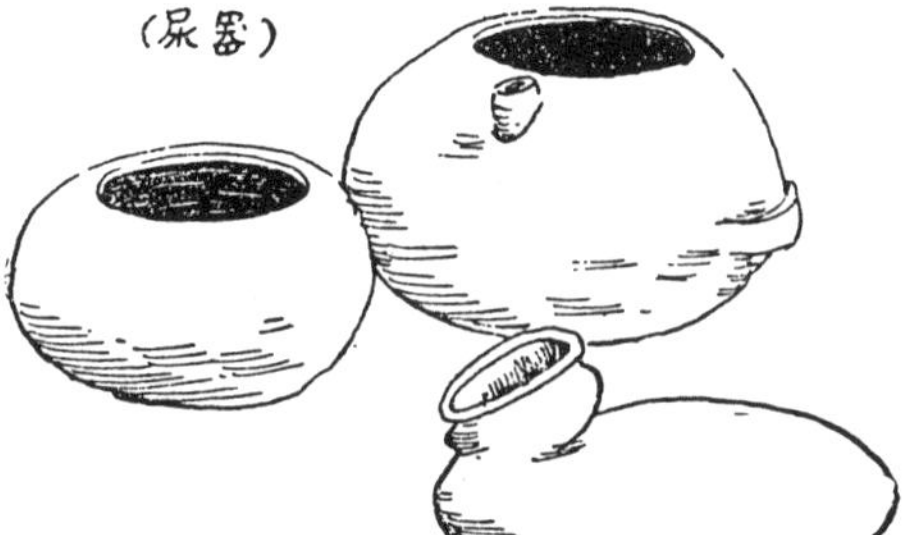

墨　　桶

鐵釉、磁器

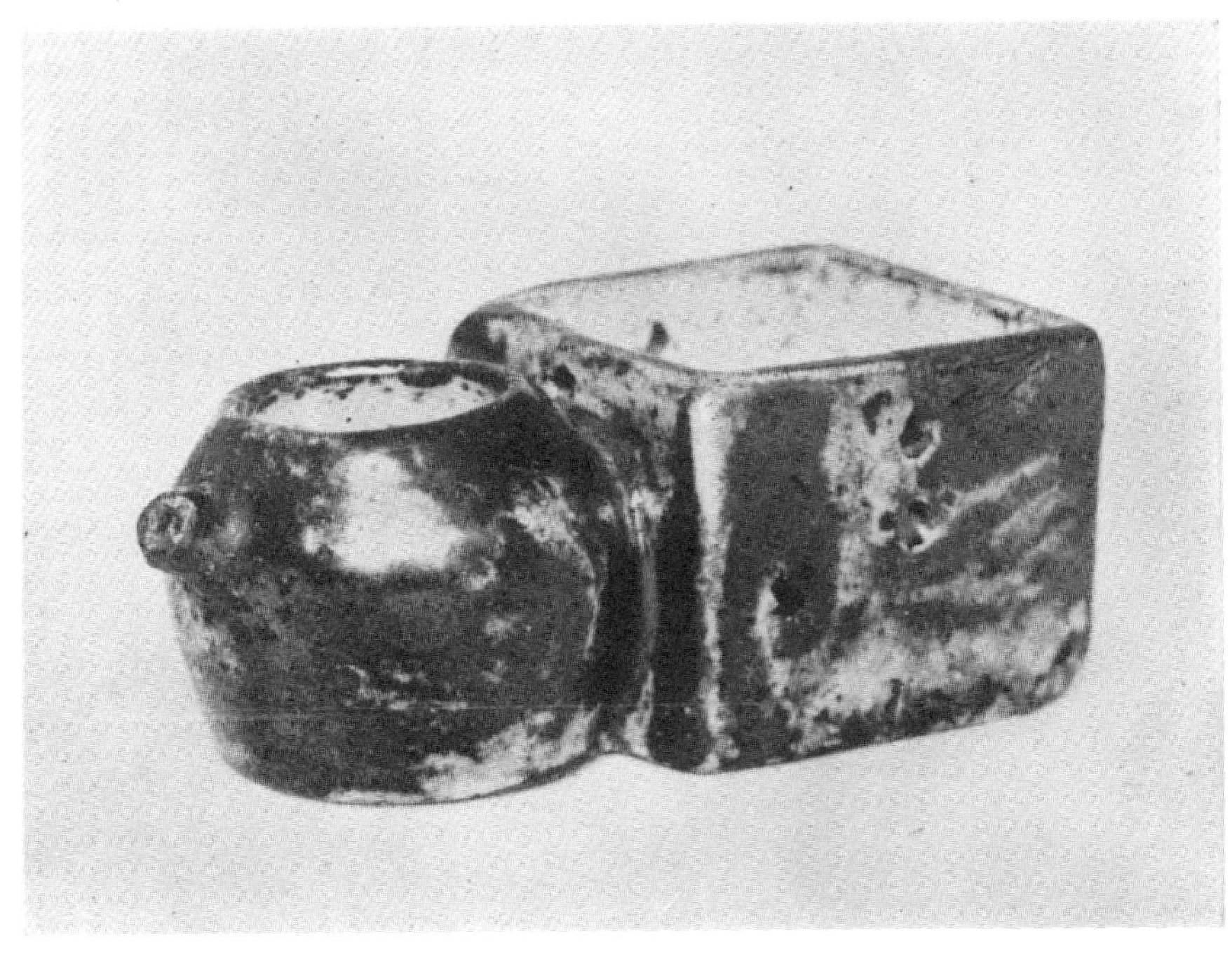

朝鮮民族美術館所藏

VI 道　具

陶磁器がその質の硬いことや、化學的にも侵され難いことや、又或種のものは火氣に耐へる等の性質をもつてゐるので、これを利用して作つた諸道具も様々である。

そのうち陶器に屬するものは、一般に汎く使用され、所謂お臺所道具式のものや釀造用の器具であつて、商品としても普通なものがあり、磁器に屬するものには概して特殊なものが多く、例へば木匠、醫家等の使ふもの又は製陶上の道具などであるから、陶工が勝手に考案製作した様なものもあり、もし精細に調べたならば尙種々なる方面に應用されてゐることと思ふ。

碾は藥研のことで、又藥碾とも云ふ。普通あるのは鐵の鑄物であるが、磁製のものも見うけられる。すべて藥用の

89 碾
년
Nyŏn
「藥研」

90 薑板
강 판
Kangphan
「大根卸し」

91 막ᄌᆞ긔
（磨子器）
Makchakeui
「乳鉢」

92 막 ᄌᆞ
（磨子）
Makcha
「乳棒」

器物は、化學的の變化を避けるために、金屬よりも陶磁製が賞用された關係である。

薑板と稱する大根卸しの如きも磁製があつた。磁板に硅石の粒子を鏤め燒いたもので、主に藥用に生薑、大蒜などを摺つたものである。

次に同じ樣の用途に磨子器がある。これは乳鉢

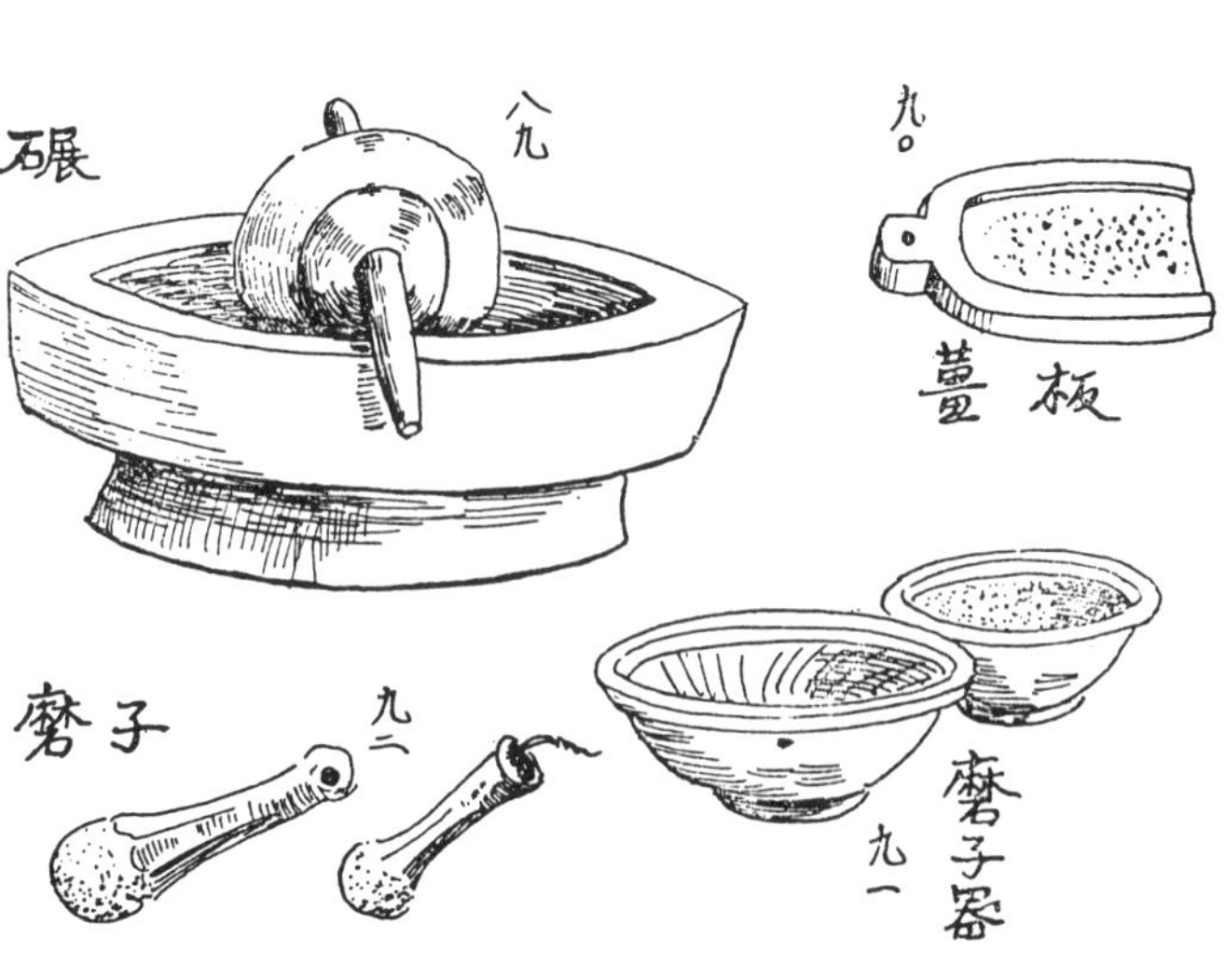

93 藥湯罐
약탕관
Yakthangkoan
「煎藥壺」

九三 藥湯罐

九四 지르숫

又は摺鉢に相當するものであり、乳棒を磨子と呼ぶ。

藥罐は昔より陶製の物を好しとされてゐた。往時醫藥は殆ど全部煎藥であつた爲め、これを使用する者が多かつた。藥罐は普通藥湯罐と呼び、又약단지 Yaktanchi とも云ふ。日本で湯沸を藥罐と云ふのはこの邊から來た

ものであらう。

又同じ用途或は飯炊き用として陶製の釜がある。これは地方により지르오가리 Chireuokari. 옹솟 Ongsot などとも云ひ　土鼎の字もある。飯を炊けば日本の土鍋同様に味よく出來る。

94 지르솟 Chireusot「陶釜」

朝鮮の米は收穫後に於ける調製上の關係から砂粒が混じてゐる。これを選別するためには種々な道具が考案されてあるが、쌀함박もその一種である。普通は이남박 Inampak と稱し、木の挽物が用ひられるが、地方により瓦器のものがある。圖の如く鉢の内面に畦狀の線が刻んであつて、此の内で米を

95 쌀함박 Ssalhampak「米の砂を拔く鉢」

쌀함박

九五

96 시루（甑）Silu「蒸し鉢」

九六 시루

九七 쇼쥬ㅅ고리

水に漬け動搖しつつ他器に移せば、比重の重き砂粒のみ線の凹みに殘ることになるのである。

米や餅等を蒸す器に甑がある。穴のある鉢の底を釜に載せ、下から蒸氣を立たせるのである。鉢の底には普通草で編んだ敷物を敷くのであるが餅の場合には青松葉がよく用ひられ、そうすると餅に香氣が移るので喜ばれる。甑で作

つた餅を甑餅시르ᄯᅥᆨと云ふ。又豆もやしなど作るにもこの鉢が使用される。

97 쇼쥬ㅅ고리 Syochyukkori「蘭引」

次に稍複雜なものに、燒酎を蒸溜する器で쇼쥬ㅅ고리と云ふのがある。器の質は普通烏只であつて、これを原料の入つた釜の上に置き、下から熱すればアルコール分が上昇し、上方の球狀部で冷却され、横の口から燒酎が滴々と落つるのである。冷却するためには球狀部の沒する程度に冷水を滿たして置く。

98 부항단지 Puhangtanchi「火瓶」

唯一の醫療器械とも名づくべきものに부항단지がある。これは火瓶又は付缸など呼ぶこともあり、부항항아리 Puhang hangari などとも云ふ。肩の凝りを柔げ腫物の膿を吸出すのに用ひられるが、用法は器中に小量の燒酎を入れ、點火し

99 먹 통 (墨桶) Mökthong 「墨壺」

100 噴水瓶 분슈병 Punsyupyöng 「如露」

101 떡 살 Ttöksal 「餅型」

て患部に器の口を押し當てると、火はたちまち消えて器中の空氣稀薄となるために、よく吸ひ付くのである。この壺は小形で優しく出來てゐるために、事情を知らぬ人が茶入れなどに利用するむきもあるらしい。

その他大工の使用する墨壺にも燒物のものがあり、먹통と呼ばれてゐる。

又噴水瓶と稱する所謂如露に等しい撒水用の瓶がある。

餅に押す떡살と呼ぶ餅型にも白

磁のものがある。떡살は一名떡손 Tökson とも云ふ。

102 깔딱이 Kkalttaki 「漏斗」

又깔딱이と云つて液體を移注するに使ふ磁製の漏斗がある。

尚道具の部分として使用されてゐるものに추、봇극、갓모等がある。

103 추 Chhyu 「おもり」

추は漁網のおもりの名であつて、普通は鉛製であるが、その昔海邊の窯場では多く陶磁

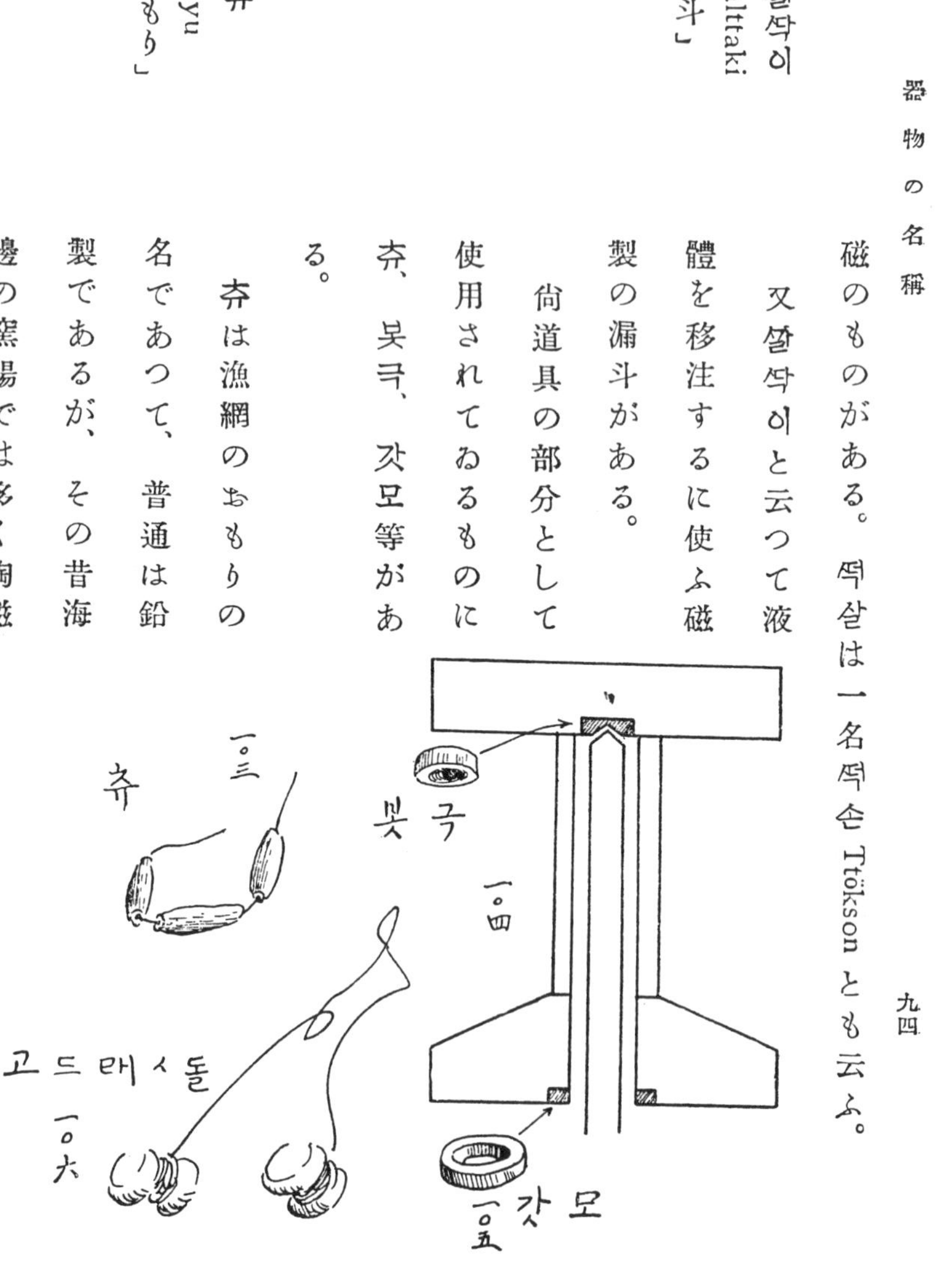

器で焼かれた形蹟がある。

104 봇 극 Pokkeuk 「轆轤の軸先」

봇극と갓모とは轆轤の摩擦による抵抗を少なくするために應用された磁製の部分品である。

105 갓 모 Kammo 「轆轤軸の周緣」

莞蓆、簀等を編むに用ふる石のおもりに代へて磁器で拵へたものを用ふこともあるが、磁器のものは形も重さも一定して、至極使ひ易いとのことである。

106 고드래ㅅ돌 Koteuraittol 「菰編み石」

VII　容器

陶磁器の大方は廣い意味の容器であるが、説明の便宜から以上の如く種々の項に分けて列擧して來たが、それでも尚以上あげた項目に屬せず、依然容器として殘るものが隨分多い。殊に陶器にあつては初めから大部分が容器である。

朝鮮では味噌、醬油の釀造が屋外露天で行はれる。これを行ふ場所は、普通內庭の日當り良き處で、石を疊み一段高き壇を作り、之を醬甕臺と呼ぶ。此の上に甕を並べて釀造も貯藏もするのである。插畫は京城府外淸凉里にある尼寺の醬甕臺であつて、壇上の甕には醬油、唐辛子、味噌などが容れてあり、晴天の日には蓋を除いて陽光を當てつつ、貯藏の年數を重ねる程美味となると云はれてゐる。

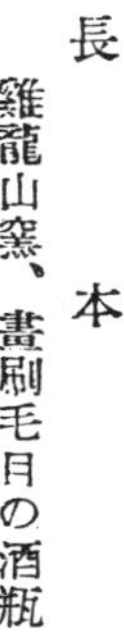

長　本

雞龍山窯、畫刷毛目の酒瓶

住井辰男氏所藏

一〇一

油瓶

石間硃瓶、油入用

朝鮮民族美術館所蔵

缸

朱點缸、芭蕉畫

朝鮮民族美術館所藏

又朝鮮に於ては漬物がよく發達して居て、冬期間の副食物中漬物は實に其の重要な部分を占めてゐる。從つてこれがために甕の使用されることは莫大なものである。この外水汲から液肥の運搬まで概ね陶器が使用されるので、その種類も多種多樣である。

又磁器に屬する容器類も少なくない。朝鮮の家庭を訪れるならば、日本建築の玄關とも見るべき大廳の間の正面に、斗庋と名づくる欅の厚板で作つた嚴めしい姿の米櫃を見る。その上には大小數多の容器が並列され、その內には雜穀、藥味、酒、酢、醬油、鹽、鹽辛等が容れてある。斯の如き壺や瓶は斗庋の上ばかりでなく、棚の上にも、戶棚の內にも、厨房の隅にも陳列されてある。是等容器の多いのは一見裕福に思はれて感じの好いものである。またしてその壺も瓶も各々姿と云ひ釉藥と云ひ模樣と云ひ、吾々の目を引く逸品が少なくないので、これを見ると何となくその家の主人に親しみや敬意さへ禁じ得ないことがある。

日本の家庭ならば桶や箱を用ふる處も、朝鮮では殆んど全部壺や瓮や瓶で用が足りてゐる。實際使用して見て壺類は濕氣を呼ばず、蟲や鼠の害をも完全に防ぎ得て便利である。

朝鮮の山奥に行くと、火田民の家庭などでは、甕を簞笥の代用として衣類などまで入れて置く者さへある。

容器は形から別けると甕、盎、缸、瓶等の種類があり、之等は又更にその用途に從つて樣々の姿に分れる。

甕にも形の大小があり、胴の膨れたのや比較的細長いのなどがある。

107 大甕 대옹 Taiong

最も大形のものは大甕又は큰독 Kheuntok で、俗に달리골독 Tarrikoltok とも呼び、瓨又は甀の字が當てられる。甀は即

108 즁두리
Chyungturi
「中形の甕」

109 빗탕이
Paitthangi
「横に張つた甕」

110 독
Tok
「甕」

111 물드무
Multeumu
「水甕」

112 甕
물독
Multok
「水甕」

ち『陶也備水器大甕』と「全韻玉篇」にも見えてゐる。烏只製の高五、六尺のものが普通で酒造用に適する。これより小さく高二、三尺で兩側に把手の付いたものを즁두리と云ふ。즁は中で、中形の意である。又즁두리よりも丈が低くて腹の張つたものに빗탕이と云ふのがある。

以上は何れも口の緣が細くて丸いが、幅廣く二、三寸平らになつてゐるものがある。これは독や드무等であるが、概して독は細長く、드무は短大である。而して同じ드무でも、北鮮のものは口が締り、南鮮のものは比較的口が大きい。圖示した물드무は北鮮の型で、高三、四尺、貯水用の黑色素燒である。

同じく貯水用の독を俗に물독と云ひ、高四尺内外で、烏

소래기
一一三
항아리뚝겅
一一四
大甕
一〇七
빗당이
一〇九
쥬두리
一〇八

二一一 물두무
벗치 二一五
독 二一〇
동이아래 二一六
뭇독 二一二

只製が多い。독は朝鮮に於ける最も古き傳統による燒物であるらしく、その姿にも質にも何處となく新羅燒の俤がある。普通の독は高さ三尺內外、酒、醬油などの釀造用に供せられ、質は黑色の素燒であるが、瓦器よりも硬く、所謂독그릇 Tokkeureut である。この독に相當する漢字は、「訓蒙字會」に從ふと甀及瓮で、大を甀又は甀子、小を瓮とされてゐるが、通常かかる區別をせず瓮の字が用ひられてゐる。これ等の器物は何れも蓋がある。

水甕用の場合は大概木製であるが、釀造用のものは燒物が可とされてゐる。それには소래기及항아리뚜겅などがあり、소래기には盆、甇、大盆等の字も當てられ、蓋としての用途の外に、盆の如く物を盛るためにも使用される。普

113 소래기 Soraiki 「盆又は蓋」

114 항아리뚜겅 Hangarittukköng 「甕の蓋」

通瓦器であつて、地方により큰소릭기、믹소릭等の名もある。又항아리뚜껑は甕の蓋専用に造られたもので、質には烏只もあり瓦器もある。

115 벗 치 Pöchchhi 「淺き大鉢」

又時として벗치が소래기の代用となることがある。

116 동이아래 Tongiarai 「水瓮の臺」

水瓮の臺として、동이아래又は물동이자리等名づくる器も瓦器で出來てゐる。

甕に似て丈低く、恰も甕の下半部を除いた様な格好のものを盎と云ひ、之れに類するものも少なくない。

盎の口の更に開いたものは盆であるが、之等は混同して使用されることもある。

117 두 멍 Tumöng 「桶状の大鉢」

而して盎の大なるものに두멍甁がある。これは地方により前逃三무と一緒にされる場合もあり、又大釜にも두멍の

名がある。

118 동이 Tongi「水汲瓮」

두멍より稍小形で、口稍締り胴は丸味を有ち、一般に最も多く使用される器に동이がある。形に大小があり、小形のものを적은동이 Chökuntongi. 中形のものを반동이 Pantongi 等と呼び、瓦器が多い。これに相當する漢字は盎又は盆であつて、「訓蒙字會」に從へば、何れも달동이――앙、달동이――분である。동이は又동의とも云ひ、옹동의の名もある。瓮器の동이の意である。形も地方により樣々であつて、圓筒形のものあり、又壺の如く口の締つたものもある。何れも主として水汲用に供せられる。

119 자박이 Chapaki「素燒の鉢」

次に食料品を洗つたり水に漬けたりする器に甂자박이がある。これは烏只又は瓦器であつて、두멍より小形で淺い。

120 옹박이 Ongpaki 「素焼の小鉢」

121 푼 주 Phunchu 「大形の淺き鉢」

122 식소라 （食所羅） Siksora 「大鉢」

123 뎐대야 （典大也） Työntaiya 「盥形の器」

124 긔대야 Keuitaiya 「片口」

125 긔듸동이 Keuitaitongi 「口付瓮」

これより更に小形で把手のないものに옹박이がある。옹は瓮であつて、用途は자박이に等しい。

尙磁器製で盃に相當するものに푼주、식소라、뎐대야などがあり、何れも食品を盛ることに用ひられる。近來洗面器形の琺瑯鐵器が流行するのも是等の器の代用としてである。

尙대야の一種口の附いたものを긔대야と稱し、日本の片口である。漢字では匜と書き、即ち柄中に水を通ずる器で、醬油などの容器に適し、液體を瓶に移す等の場合にも便利に使用される。

又동이の一種で、注口の付いたものに긔듸동이がある。これに尿を溜めて畑に運び、直ちに麥の畦に施肥するのに

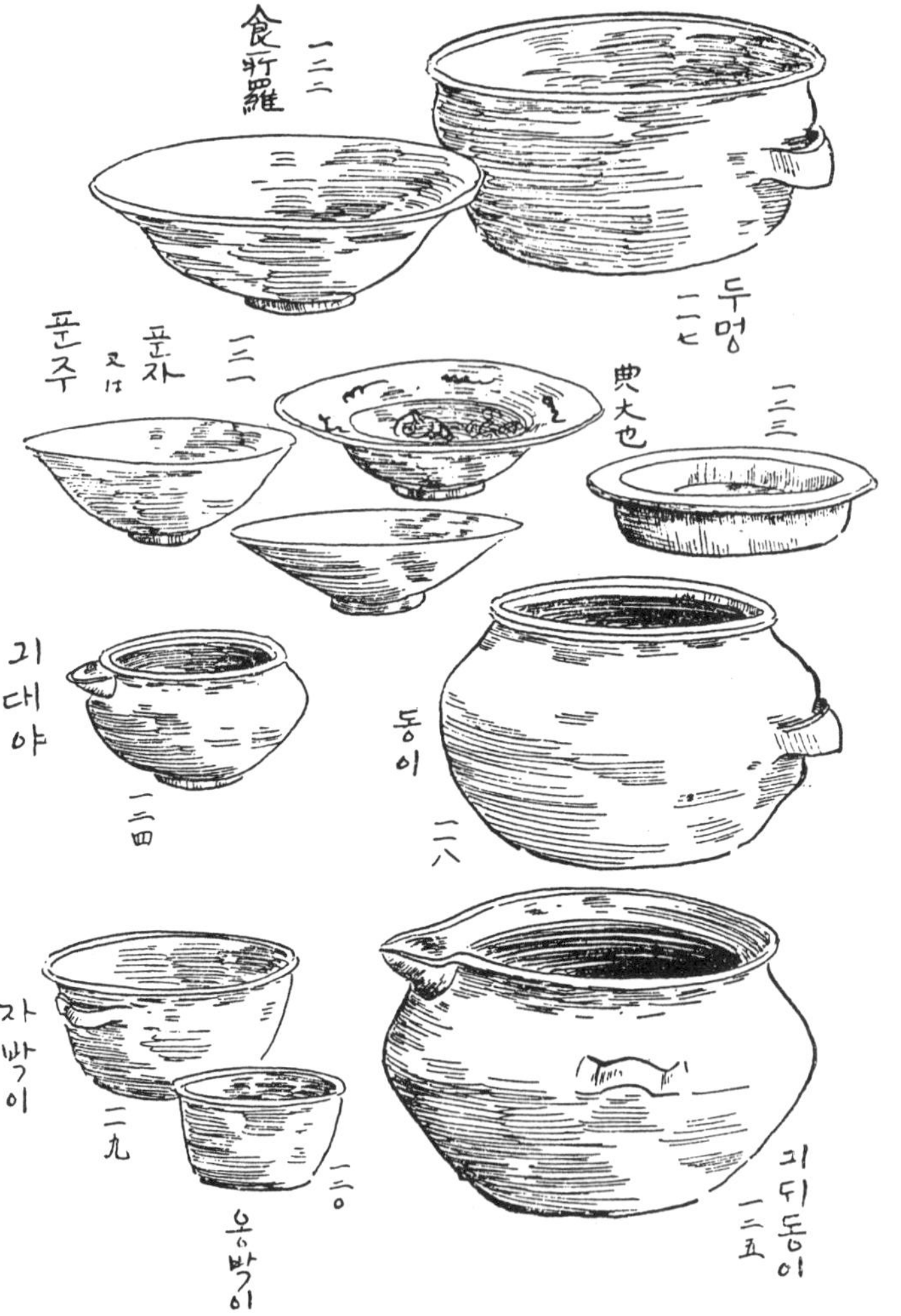
一二二
두멍
一二七
푼자
又は
푼주
一三一
典大也
一三三
귀대야
一二四
동이
一二八
자빡이
一二九
옹박이
一三〇
귀디동이
一二五

합빗두리
一二九
동방구리
一二七
빗두리
一二八
단지
一三〇
大缸
一三一
항아리
一二六
귀뒤항아리
一三四
八隅缸
一三二
(石間硃缸)
一三三
티항아리(胎缸)
一三五

使はれる。

126 항아리 (缸) Hangari「壺」

壺の類に共通な名は항아리であるが、その形の特長や用途に從つて種々な名稱に別れる。「訓蒙字會」によれば、항아리は罎담又罈となつてゐ、「全韻玉篇」によれば缸は長頸罌であつて瓨に同じとしてあるので、瓶と混同し易い氣がする。元來瓶と壺とは近似のものであつたらしく、「訓蒙字會」には大日瓶小日壺とあり、朝鮮語では항아리に壺字を當てて居ない。然し我々は壺を「つぼ」と讀み馴れてゐるので、本文では缸と同じに使用してゐる。

127 동방구리 Tongpangkuri「壺の一種」

128 빗두리 Pai'turi「壺の一種」

偖て所謂壺形で陶器質のものに동방구리(盆)빗두리などがあり、빗두리の蓋あるものを합빗두리と云ふ。何れも俗語であつて、その丸味や胴の張つた感じから生じた名らし

い。

129 합뚜리
Ha paitturi
「蓋ある壺」

主に當座漬の漬物や、味噌、蜂蜜などを容れるに用ひられる。

130 단지
Tanchi
「壺の一種」

これと同じ様のものに단지(甀)と稱し、蜜などの容器となつてゐるものがある。これには磁器が多い。

131 大缸
대항
Taihang
「大壺」

又大缸と稱し、大形の丸い壺がある。これには白磁に鐵砂の龍や草花などを描いたものがあり、無地のものも多い。

132 팔모항아리
（八隅缸）
Phalmohangari
「八角壺」

これは蟹の鹽辛などを作るに用ひられる。

又八角のものを八隅缸、鐵釉のものを石間硃缸と呼ぶなど、形や釉種から來た名稱もある。

133 석간쥬항아리
（石間硃缸）
Syökkanchyuhangari
「鐵釉壺」

その他側方上部に口の付いた귀단항아리や、胞衣を藏する胎缸など數へ切れぬ程である。

胎缸は肩の部分に横線があり、耳のついてゐること、蓋

134 귀ᄃᆡ항아리 Kuitaihangari 「片口壺」

135 ᄐᆡ항아리 (胎缸) Thaihangari 「胞衣壺」

136 瓶 병 Pyŏng

137 大瓶 ᄃᆡ병 Taipyŏng

138 기름병 Kireumpyŏng 「油瓶」

139 촛병 Chhoppyŏng 「酢瓶」

のあることなどが特長である。

容器として最後に殘るものは缾、瓶、甆の類である。これも形の大小や用途から種々の名が生じてゐる。即ち酒、酢、油、水、尿などに從つて、各獨特の形のものもあり、又時に共通な姿も見られる。

大瓶は白磁の頸太き瓶で、酒や花用に用ひられる。

油瓶は食用油の容器で、地方により様々あるが、圖示したものは平安道地方に普通のものである。

又圖示した酢瓶は、慶尚道で見る型で、酢に専用されるものである。

又水差で水瓶と呼ぶものもある。その他장군と稱し酒、醬油、水、時に尿などを入れる俵形をした瓶もある。これ

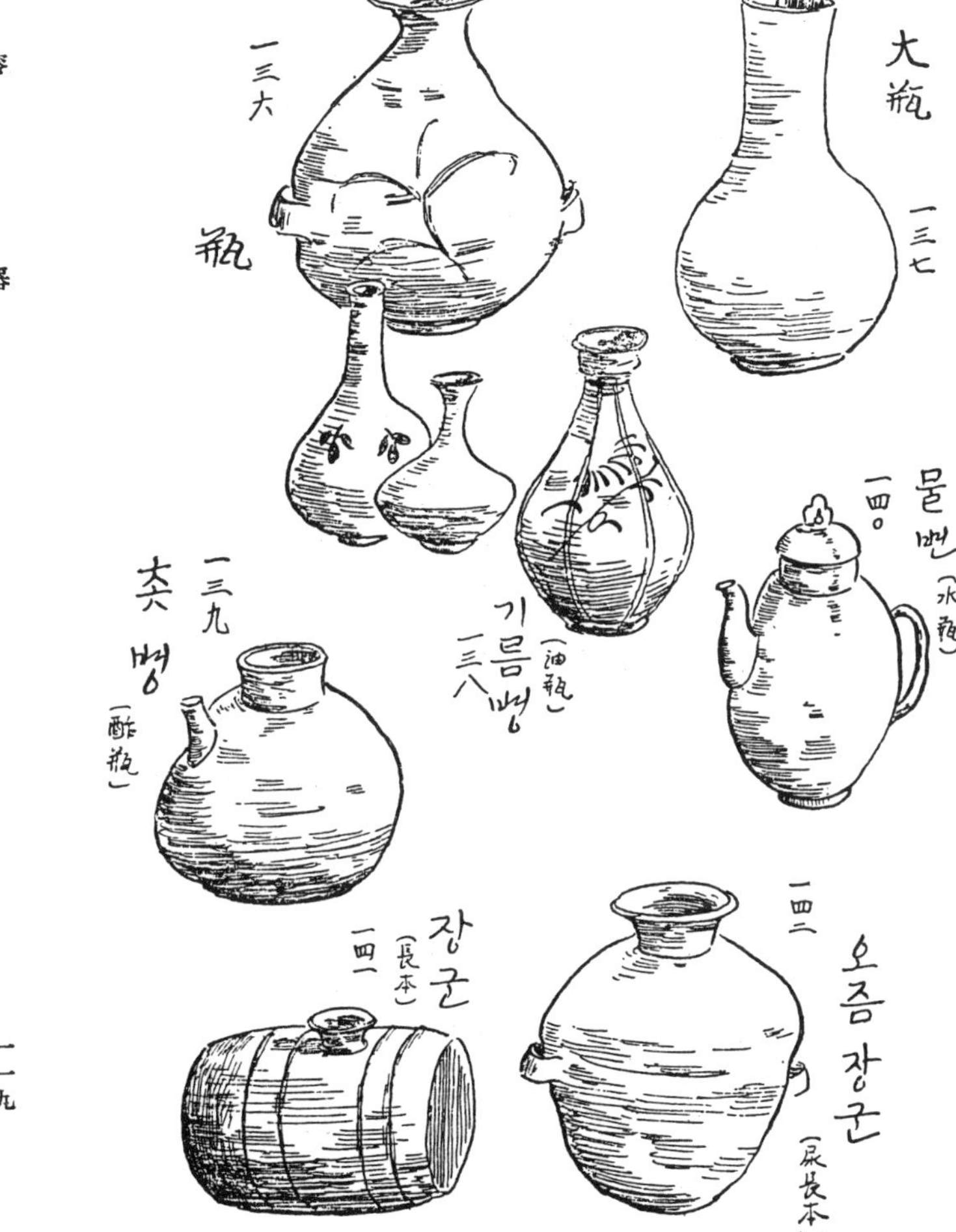
大甁
一三七
甁
一三六
물뼌 (水甁)
一四〇
기름뼝 (油甁)
一三八
촛병 (酢甁)
一三九
오즘 장군 (尿長本)
一四二
장군 (長本)
一四一

140 물 변 Mulpyŏn「水差」

は長本又は張本などとも書き、大形のものは普通瓦器で、水又は尿用に多く、小形には磁器のものが多く、酒や醬油はこれに入れられる。

141 장군 Changkun「俵壺」

「六典條例」によると、攻治司の年例進排として内局に納まるものに、江心水所盛長本二十三坐、大甕十七坐とある。この江心水は漢江の流の中央から汲み取られる水で、御用水とされ、それをこの長本に入れて運搬したのである。

142 오즘장군 Ocheumchangkun「尿瓶」

又오즘장군と呼ぶ尿専用の長本もある。

煙　管

白磁青畫卍字、中央は煙管掛

朝鮮民族美術館所蔵

VIII　雜　具

前掲各項に洩れた陶磁の器物を一括して雜具としたもので、樂器、煙管等がその主なるものである。

雅樂の樂器に缶と塤とがあり、何れも瓦器である。樂器とは云ふもの丶祭禮儀式に伴ひ使はれるものであるから、當然祭禮器に屬すべきであるかも知れないが、樂器の名でこ丶に集めたまでゞある。

143
缶　Pu
早
「樂器の一種」

缶の字は、「全韻玉篇」によれば、盎也大腹歛口秦人鼓以節歌とあり、本來は酒入れであつたらしい。之を擊つて歌を調節することも支那から傳つた事は云ふまでもない。

「樂學軌範」に記された處を次に拔記すれば、

　樂書云土音缶立秋之音也
古者盎謂之缶則缶之爲器中
虛而善容外圓而善應中粹之
所自出也唐堯之時有擊壤而
歌者因便鄭以糜輅(力各切生
革縷)冥缶而鼓之是以易之盈
缶見於比用缶見於坎鼓缶而
歌見於離詩之擊缶見於宛丘
是缶之爲樂自唐至周所不易
也昔秦趙會於蠅池趙王爲秦
王擊缶亦因是巳(注云趙王使
秦王擊缶)孰謂始於西戎乎先

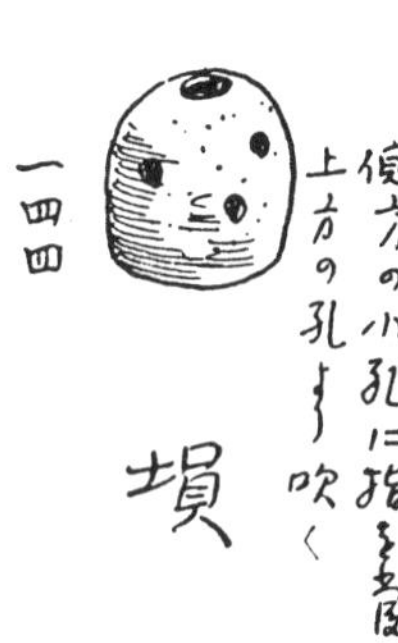
一四四
側方の小孔に指をあてて
上方の孔より吹く
塤

一四三

これは缶をうつ
割竹

缶

儒之說一何疎耶徐幹曰聽黃鍾之音知擊缶之細則缶之樂特其器之細歟注云一曰形如足盆一曰形如覆盆以四杖擊之

按今軒架圖缶之數凡十每一各用一人擊之各准於律樂書有八缶貝黃鍾一均之拚排列於床上則一人必專擊十二律趙王請秦王擊缶則其爲一人擊之明矣今之十缶各用一人擊之恐誤且黃鍾一均宜用七律而置人缶今之軒架圖宜用十二缶而用十缶亦未可知缶以瓦土燔造以厚薄定律

朝鮮では缶の字を딜　부又は장군　부と讀ませてゐる。딜は瓦器の意、장군は酒漿を盛る器である。これによると缶の字は燒物の質及形を代表し、且つ多くの燒物に關係ある字の偏をなす處から考へても、形質共に現代に傳はり使はれてゐる器物の最も古いものに屬する氣がする。

144 塤 훈 Hun 「樂器の一種」

塤は笛の一種で훤 uŏn とも讀む。これも隨分原始的のものである。

「樂學軌範」にある塤に就いての記事を見ると

周禮圖云塤狀如秤錘以土爲之詩作壎

○樂書云塤之爲器立秋之音也平底六孔水之數也中虛上銳火之形也塤以水火相合而後成器亦以水火相和而後成聲故大者聲合黃鍾大呂小者聲合太簇夾鍾要在中聲之和而已註云塤六孔上一前三後二

按塤無定制以瓦土爲之闊夾失中或燔造生熟不同故聲音不齊必多數造之准於律管而用之

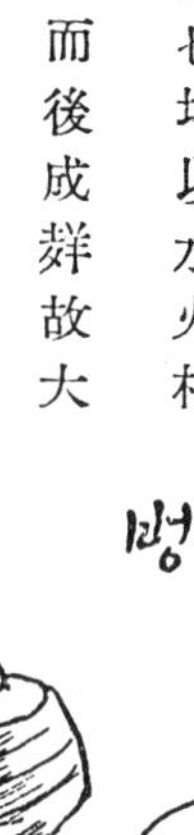

145 벙어리 (缻) Pöngöri 「金溜」

錢を貯蓄する器に벙어리がある。これは入れたら出すこ

とが出來ないために自然に溜る譯である。一ぱいになつたら碎いて出すので撲滿박만 Pakman とも云ふ。

146 고불통 Kobulthong「陶製雁首」

咸鏡道の産で煙管の雁首に고불통と云ふのがある。素燒と釉の掛つたものとがあつて、北鮮地方の農夫などに愛用されてゐる。この煙管は吸口に白玉の如き別質の物を取合せることになつてゐるので、同じ燒物の吸口は出來てゐない。

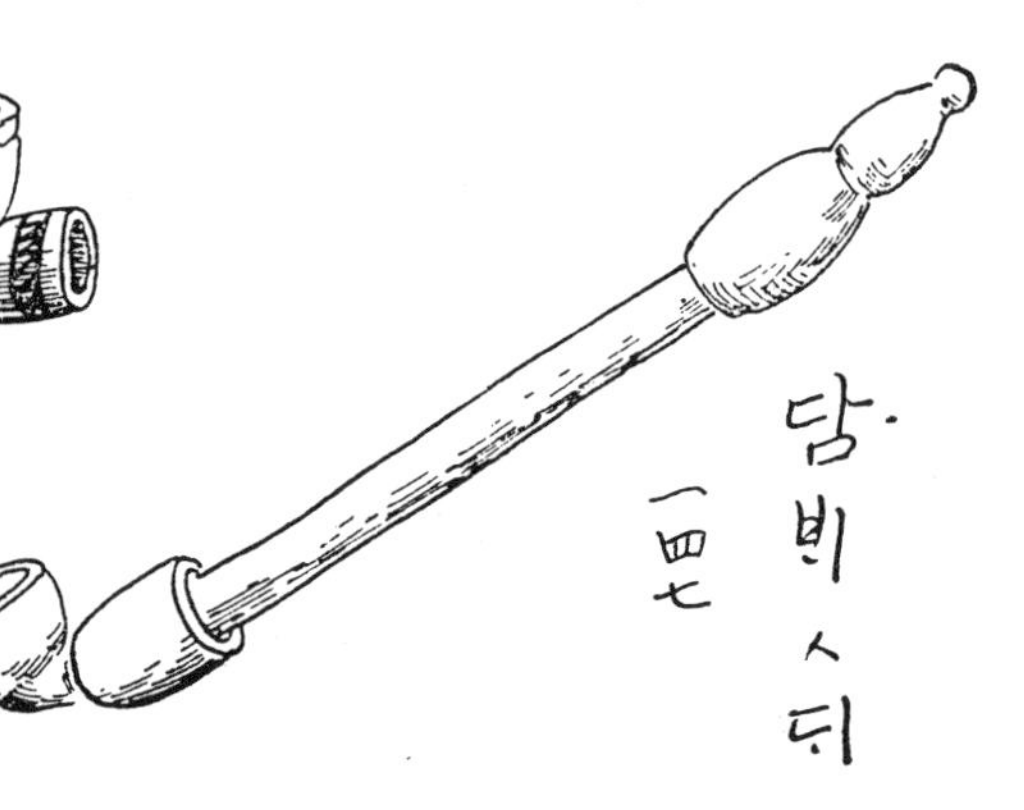

147 담ᄇᆡᆺ대 Tambait ai「煙管」

普通の煙管同樣に出來たものも、白磁器には稀に見る。之れが朝鮮名は담ᄇᆡᆺ대又は略して單に대 Tai とも云ふ。以上の外雙六の賽、將棊の駒などにも磁器が利用された場合はある。

IX 建築用材料

建築上の諸材料にして陶製のものは随分多いが、これ等は主に官用のもので、政府に於ては特に瓦署を設けて所要の瓦甎を直營の工場で燔造する外、地方から集る瓦甎類の貢物をも扱つてゐた。その瓦署には瓦匠四十と雑象匠四人が置かれてあつた。

「六典條例」に據れば、次の如く規定され、瓦甎の寸法等も一々制定されてある。

常瓦一百四十訥燔造自三月始役九月畢役而捧上時郎廳親自檢飭女瓦之腹夫瓦之背皆印公字或有不準尺不善燔者一々破碎俾勿混雜匠手及貢人治罪。三大物種(大瓦、方甎、防草)燔造後郎廳如法照檢女瓦之腹夫瓦之背必令牙鍊使之光潤。

唐女瓦亦使一々牙錬。

以上の如く相當嚴格なものであつた事がうかがはれる。尙貢物などの關係から、各種類の差引勘定をする場合に必要な換算格が定められてあるから、參考のため拔記して置く。

各樣瓦甎並用常瓦準折會減

大方甎一張代六十張、半方甎一張代一張、唐瓦一張代一張半、唐防草一張代三張、龍頭、鷲頭、吐首、畑家各一張代一百張、雜像一張代五十張、蓋覆大方甎一張代六張、北首、雲角曲瓦各一張代一張、中瓦一張代二張

一般に李朝期に於ける瓦甎類は、その紋樣を見るに新羅、高麗の時代に比して精緻でない。例へば瓦當の如きを比較しても明確、纖巧の美しさに於て缺けた處はあるが、大建築の部分としては充分にその効果を收めてゐる。寧ろ建築を壯大に見せ威嚴を保つ上には、その大まかな處が効果をより大にし

てゐるとも云ひ得る。特に龍頭、雑像などはその屋上にあつて、宛然婦人の髮飾にも等しい役割を務め、建築を引き立たせてゐる。

尙壁や塀などに、煉瓦で文字や十長生等を模様付けしたものも、朝鮮の建築上に見る好き感じを出した情景であつて、それを眺めてゐると、いかにも平和な一種の溫味を感ずるのである。

建築用材料のうち最も重要なものは瓦、甓及甎である。

瓦は屋根に、甓は壁に、甎は下敷として使はれるものであるが、その使用の部分によつて種々な形狀がある。

148 암키와（女瓦）Amkhioa「平瓦」

149 수키와（夫瓦）Sukkhioa「目瓦」

先づ普通の瓦において見れば、女瓦と夫瓦との二つがあつて、女瓦は幅が廣くて仰向けに敷き並べるもの、夫瓦は幅狹く樋狀をなしたもので、女瓦を並べた繼目に伏せて置くものである。それで前者には仰瓦、牝瓦、瓪、瓴などの

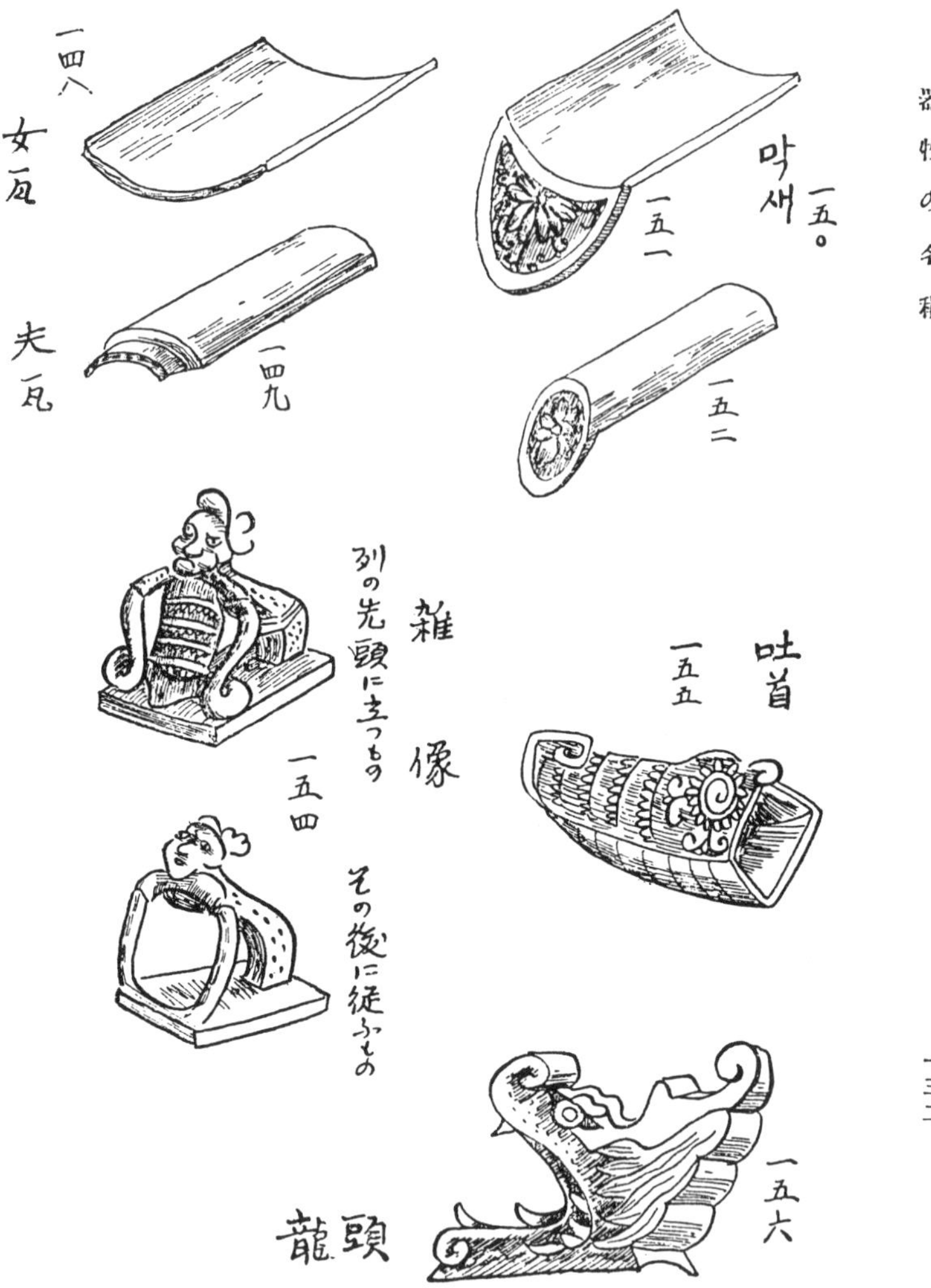
一五〇
막새
一五一
一五二
一四八
女瓦
一四九
夫瓦
一五五
吐首
雑像
列の先頭に立つもの
一五四
その後に従ふもの
一五六
龍頭

150 막새 Maksai 「軒端を葺く瓦」

151 암막새 Ammaksai 「平瓦の軒端用」

152 수ㅅ막새 Summaksai 「目瓦の軒端用」

153 瓦　當 와당 Watang

154 雜　像 잡상 Chapsyang 「屋根飾の一種」

155 吐　首 토슈 Thosyu 「屋根飾の一種」

異名があり、後者には天瓦、牡瓦、甋、童瓦などの異名がある。

尙以上兩者共、屋根の軒端に葺かれる一列は、特殊な形態を有つて居て、これを막새と呼ぶ。막새にも亦牝牡があり、牝を암막새　牡を수ㅅ막새と云ふ。

これ等の막새には何れも瓦當が附いてゐる。瓦當には様々の紋様や文字などがあり、古代瓦の研究は主に此の部分で行はれる。

尙この瓦に屬するもので變つた形になると雜像、吐首、龍頭、鷲頭　煙家などがある。

雜像は宮殿造の隅棟上に配置されるもので、猿が甲冑をつけた様な姿のものである。

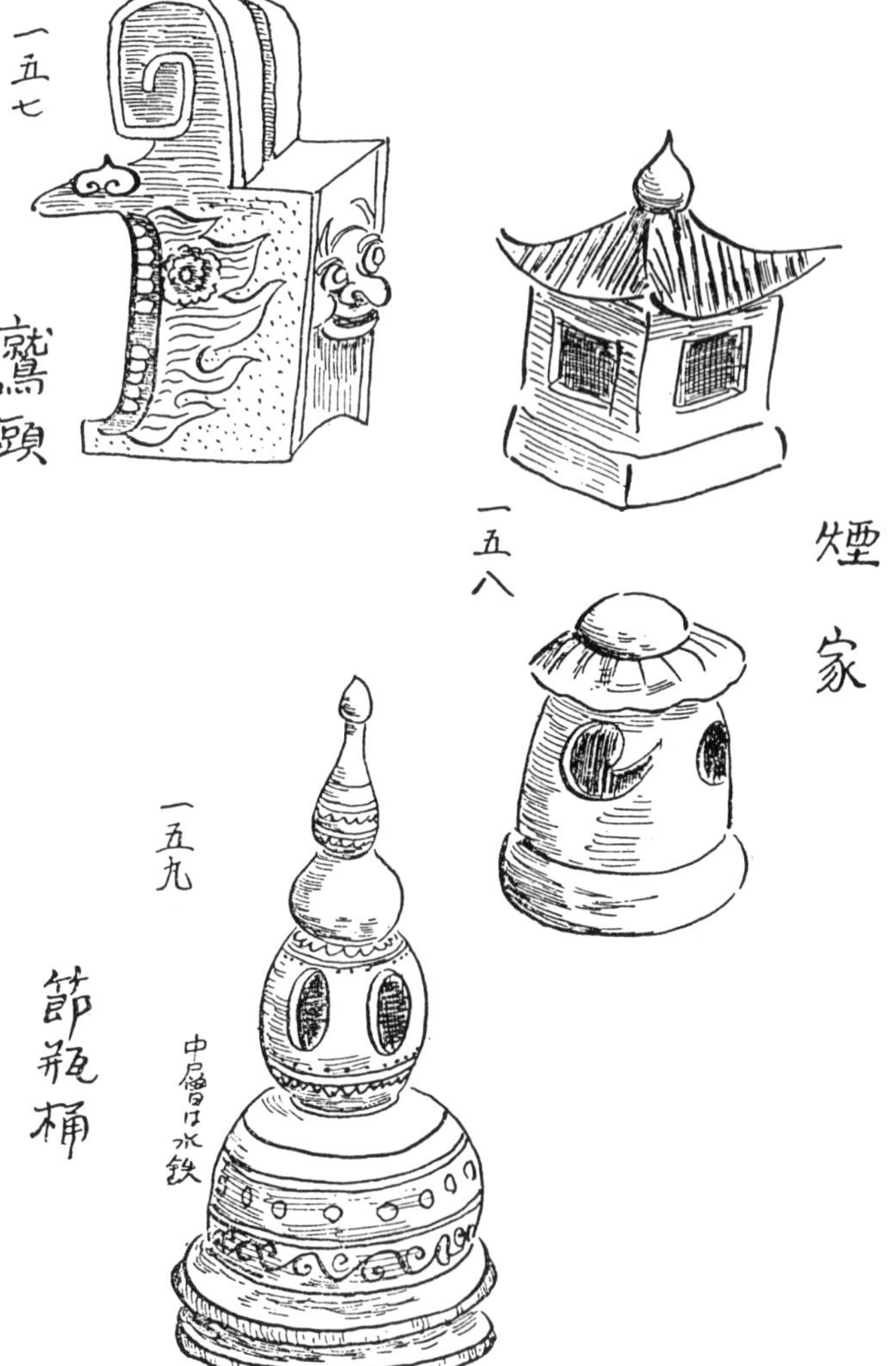
一五七
鷲頭
一五八
煙家
一五九
節瓶桶
中層は水鉄

156 龍頭
룡두
Ryongtu
「屋根飾の一種」

157 鷲頭
츄두
Chhyutu
「屋根飾の一種」

158 煙家
연가
Yönka
「煙突屋根」

159 節瓶桶
절병통
Chyölpyöngthong
「屋根飾の一種」

160 청기와
Chhyöngkioa
「青瓦」

吐首は同じく宮殿造の隅棟の先端に附けられ、龍頭は降棟又は隅棟の先端において見られるもので、鷲頭は上棟の兩端に鬼面を外方に向けて取りつけられる。

尙又煙家は住家の煙突上に裝飾を兼ねて置かれる屋形の瓦器で、甍とも云ふ。又煙家に似たもので、宮殿造の上棟中央に

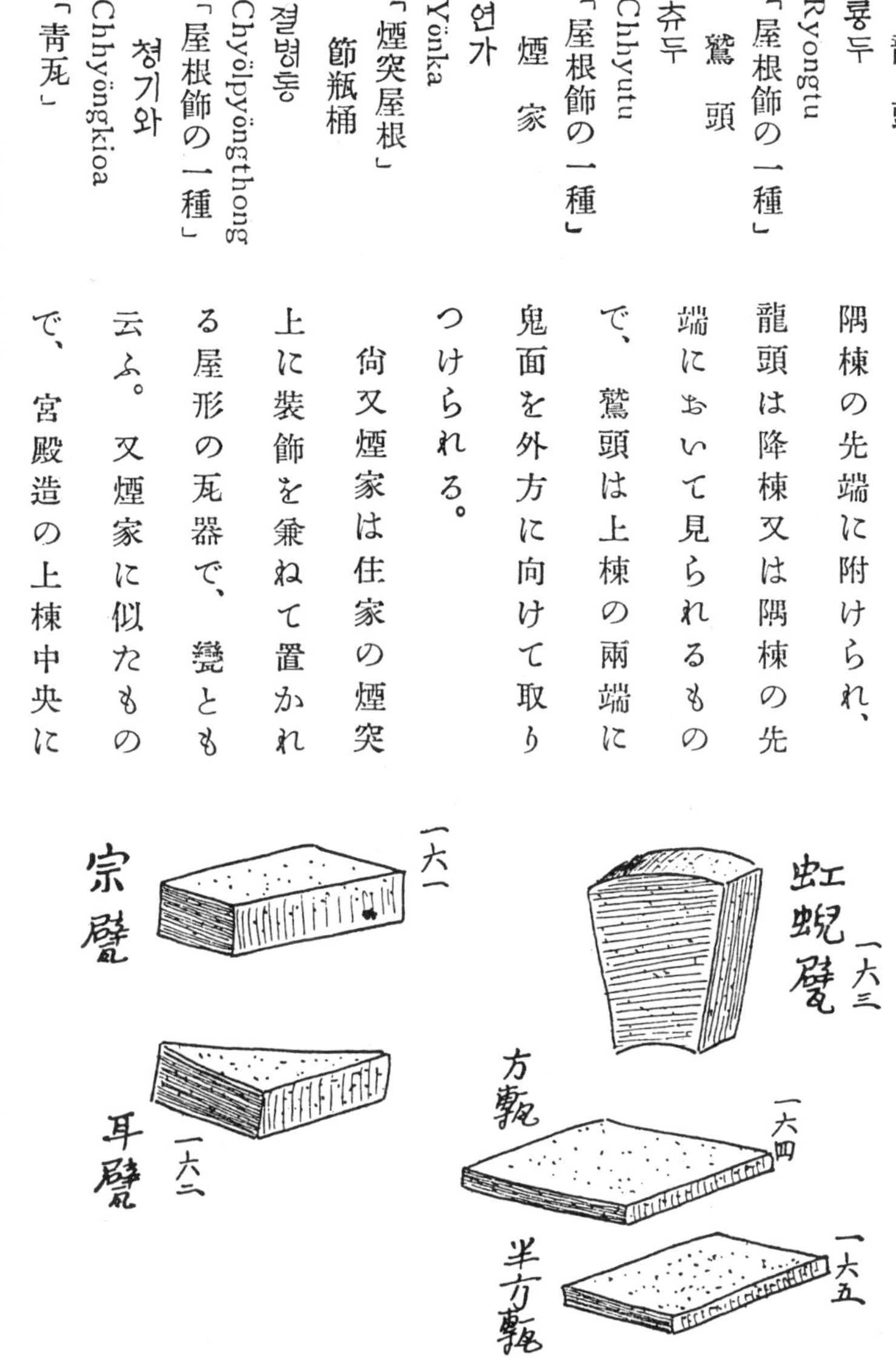

161 宗　甓　종벽 Chongpyŏk「矩形の甓」

162 耳　甓　이벽 Ipyŏk「三角の甓」

163 虹蜺甓　홍예벽 Hongyŏipyŏk「扇形の甓」

164 方　甎　방전 Pangchyŏn「角の敷瓦」

165 半方甎　반방전 Panpangchyŏn「半分大の方甎」

立つ節瓶桶と稱するものがある。此の類は亭や樓閣の屋上に普通である。

又質硬くして綠色交趾質の釉藥ある瓦を青瓦と呼び、王宮用のもので、寺院に配付したものが今もその本堂の棟上に傳はつてゐるのを見る。

次に甓は卽ち煉瓦に相當し、壁や迫持の門、甓磴、甓砌等を疊むに使はれ、それぞれ使はれる場所に從つて宗甓、耳甓、虹蜺甓などがある。

甎は敷瓦で別名を蓋甓とも云ふ。方甎が最も多く用ひられ、これにも大小がある。方甎の半折したものを半方甎と呼び、場所に應じて使はれる。

三、陶磁器に關係ある名稱

I　窯場及製陶用具

李朝に於ては陶工は世襲であつた。特に官窯の沙器匠に對しては、「經國大典」にも『司饔院沙器匠人の子枝は他役に定むる毋く其の業を世傳せしむ』と定められてあり、この習慣は長く續き、大體今日でもその風がある。勿論幼少の時から此の業を習得した者が、後日他役に服すると云ふ事は困難のことに相違ないし、又他役に從事してゐた者が轉職して陶工になつた處で、骨が折れるばかりで能率は上らない筈である。從つて朝鮮の各地に廣く分布してゐる窯業も、舊新共にその土地土着の住民によつて營まれたものは少なく、陶工等が燃料や陶土を追ふて移動したものが多く、只その繼續年の長さに差異がある位のものである。

從つて各地に散在してゐる陶工等には、自らはつきりした系統があつて、陶工等に就いて自身又はその先代の出所を質せば、大概は廣州、青松、聞慶扶安、高敞、鳳山、成川、明川等の地を指すことが多い。然し更にその源を調べて見ると、結局は二、三の本に歸するかも知れない。斯樣な次第であるから、窯の構造や器具などにも自然に系統が表はれてゐる。

例へば西鮮地方の磁器窯は所謂割竹形登窯で、南鮮地方のものは圓形登窯である。李朝の燒物に關係の深い分院及鷄龍山窯は割竹形登窯の方に屬し、共に沙器釜である。

陶器になると一般に簡單な隧道窯を使ふものが多い。但しその隧道が下部焚口に近い處で鍵の手に曲折してゐるものや、窯の背の中間が稍低目に降つて宛然駱駝の背の樣に見えるものなどがある。是等は皆瓮器釜と呼ばれる。

又瓦甎及瓦器類は單一な圓窯で燒かれ、これは瓦釜である。

朝鮮では窯の字の代りに釜の字を普通に使用してゐる。此の字は公文書にも屢現はれてゐるが、此の場合日本同様가마 Kama である。釜山と云ふ地名の如きも、倭館の陶窯から生れたものと思はれる。

而して是等窯場の職人は燒成する種類に依つて沙器匠、瓮器匠又は瓦匠等と呼ばれ、大概は更に造器、着水、火匠などの分業になつてゐるが、小さい窯場になると一家共稼ぎであつて、壯者は主に成坯、窯炊などに當り、老幼婦女は施釉、土拵、乾燥などを手傳ふ様なことになつてゐる。その昔分院の盛んであつた頃の作業振りを、「分厨院報謄」によつて見るに、

分院應役數爻

監官　一人　「監督員」

員役二十人　「書記」

使令　六名　「小使」
邊首　二人　「巡視」
造器匠十名　「成坯方」
磨造匠十名　「仕上又は削り方」
乾火匠十名　「乾燥方」
水飛　十名　「碎土、水篏、除水」
錬正　十名　「土錬」
站役十八名　「手直」
火匠　七名　「釜炊」
助役　七名　「釜炊補助」
釜戸首二名　「釜炊頭」
覽火匠二名　「火加減方」

畫青匠十四名　「畫描」

錬正　二名　「釉藥調合」

着水匠二名　「施釉方」

破器　二名　「選別」

工抄軍一百八十六名　以下雜役

許代軍二百二名

運灰軍　一名

浮灰軍　一名

水土載軍十名

水土監官一名

收稅庫直一名

路卜軍　二名

窯場及製陶用具

監考　三名
進上結卜軍十名

以上合計五百五十二名の從業員が働いてゐる。これによつて當時の盛況を略想像出來ると思ふ。

次に上記の造器、磨造、畫青、着水など諸匠の働く仕事場を閣令각령と稱し、四圍を厚さ尺餘の土壁で造り、必要に應じ處々に小窓を設けて明取りとし、室內の一部を溫突裝置として乾器や冬季間の作業に備へてゐる。今その簡單な一例を擧げると、略次に示す圖の如くである。

166 閣令 각령 Kakryŏng「仕事場」

仕事場の內に設けられてあるものは水簸場、土の置場、轆轤場、鍊土板、乾燥場、釉藥調合及施釉場等であるが、水簸場は地方により屋外にあるものもある。

轆轤は分院の產が有名である。材は欅が良好で、心棒だ

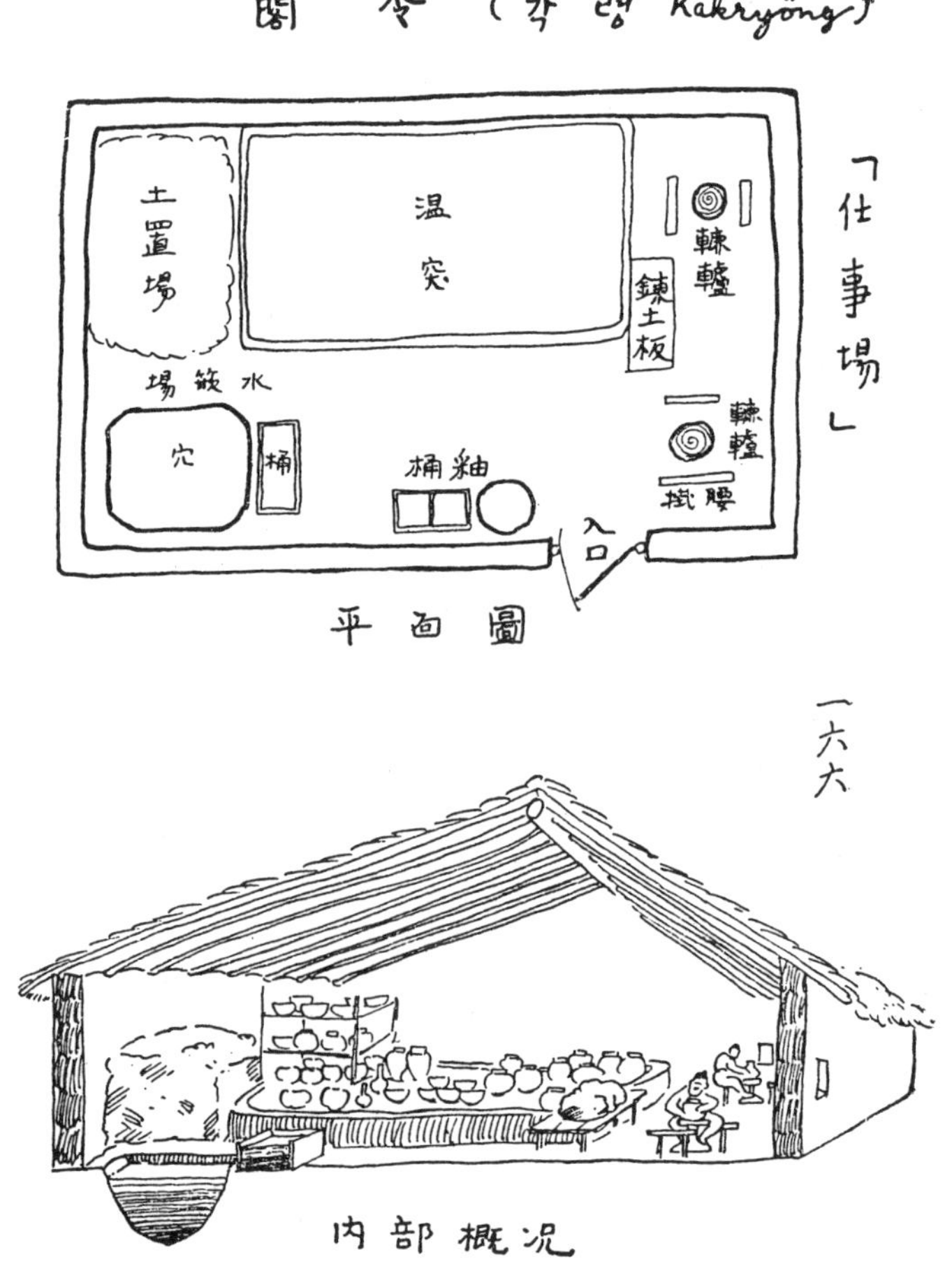
閣令（각령 Kakryŏng）
「仕事場」
土置場
温突
轆轤
錬土板
水簸場
穴
桶
釉桶
轆轤
腰掛
入口
平面圖
一六六
内部概況

167　믈네 Meulnöi「轆轤」

け檀木と稱するをのをれかんばを使用する。尙心棒と臺との摩擦を滑かにする爲に、當る部分に磁器を附けて置く。

168　輪臺 륜디 Ryuntai「轆轤」

小形のものを挽く轆轤は、土間の平面に其の儘裝置し、瓮類の如き大形のものを挽く轆轤は、土中に穴を掘り、轆轤の上面が地平面に殆ど一致する樣低く取付けられる。穴内に設備した轆轤場に於ては、側方地上に板を置いて、これに腰を卸してゐるが、高く設けた場合は、その兩側に幅が狹くて比較的丈けの高い腰掛を作る。

169　안질ㅅ개 Anchilkkai「腰掛」

170　압증닐 Apcheungnöl「錬土板」

錬土場は轆轤場の近くに杭を打ち込み、卓子の如く上に板を載せて作る。

171　棧板 잔판 Chanphan「棚板」

成坯した器を載せ並べて運搬及乾燥する板を棧板と呼び、普通赤松材で、厚五、六分、幅三、四寸、長六尺位のもの

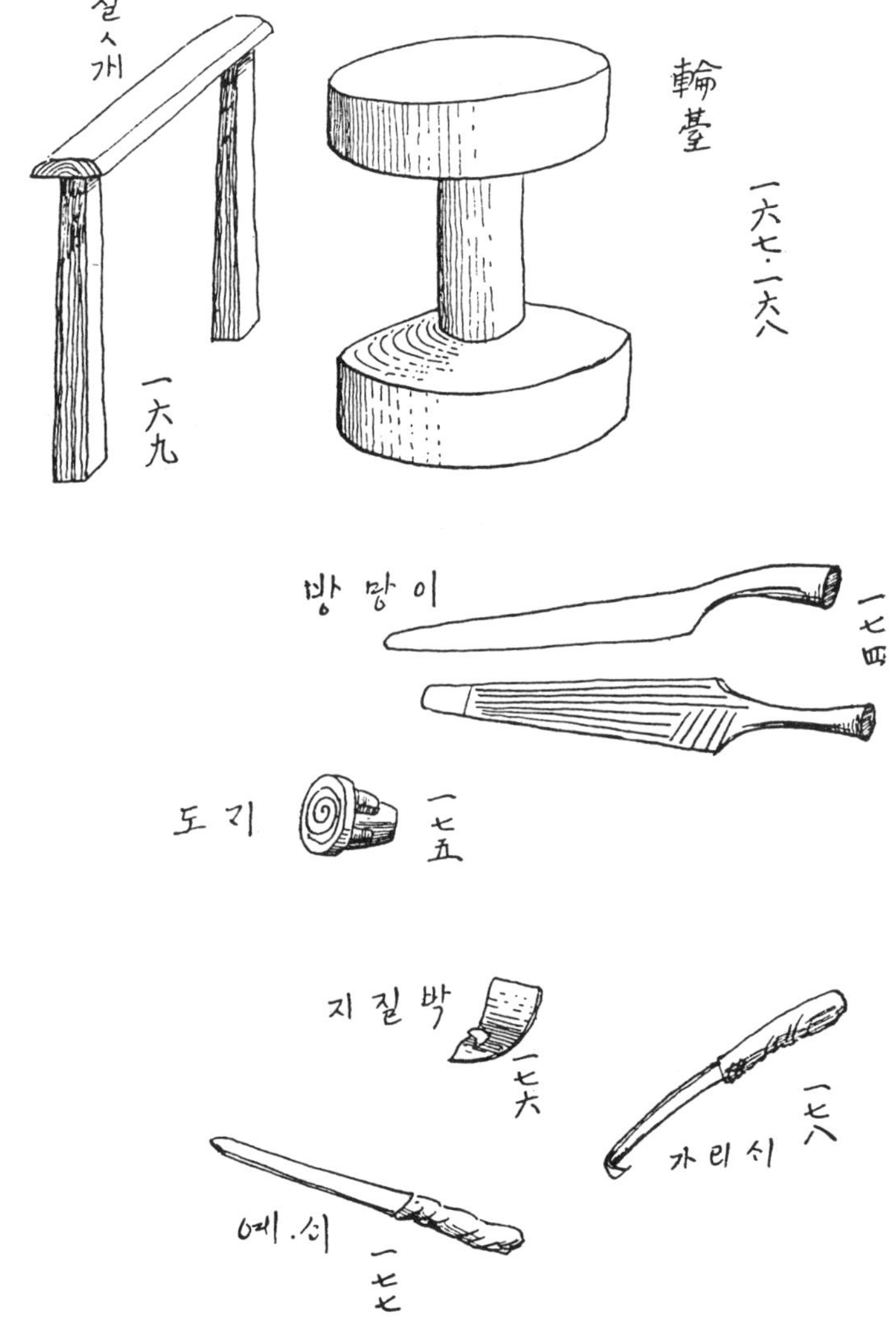

안질ㅅ개
一六九
輪臺
一六七·一六八
방망이
一七四
도기
一七五
지질박
一七六
가리신
一七八
예·신
一七七

を用ふる。

172 땅두멍 Ttangtumöng 「沈澱池」

173 귀웅 Kuiung 「泥水桶」

水簸場は地に穿つた穴の沈澱池と泥水桶とから成り、水簸の方法は、はじめ桶に砕いた土を入れ、水を注いで充分解き、泥水を作り、之れを側方の穴に溜めて沈澱せしめ、上澄みを汲み取りて流し、下底の細土を掻き集めるのである。

174 방망이 Pangmangi 「打棒」

175 도개 Tokai 「瓮類の内面に打つ型」

成坯の際用ふる器具に次の如きものがある。瓮類では底となる部分の土を打ち均す棒や、胴を締めるために内側より輕く打つ押型樣のものなどであるが、瓮の内面に渦巻や青海波の如き紋樣を見るのはこの痕である。

176 지질박 Chichilpak 「陶器の内面を均す具」

又磁器や小形のものを挽く時内面を均す木片がある。これは時に瓢皮でも作る。

成坯して後高臺を切り離す鐵片又は木篦や、器が生乾きの時削つて仕上げる篦様の鉋で、先端の鈎狀に曲つたものなどがある。

177 예서 Yöisai「篦」

178 가리서 Karisai「鉋」

その他、釉藥を濾すために用ふる馬毛篩、畫を描くために必要な山猪毛又は狗毛の筆、成坯に際し坯土を撫で潤ほす獐皮、水簸の際泥水を攪拌する木製の鋤等があるが、是等は特に製陶用に限られたものでもないから、その名を省略する。

179 陶枕 도침 Tochhim「臺柱」

180 坮 다 Tai「臺坐」

窯詰をするには窯底に厚二、三寸粗砂を敷きて陶枕を立て並べ、その上に坮又は礎器を載せ、更にその上に目砂を當てて四、五枚宛重ねたる器を置く。

陶枕（一七九）

181 礎器 조긔 Chhokeui「臺坐」

182 증 Cheung「目砂」

183 蓋皮 개비 Kaipi「被蓋」

184 匣 갑 Kap

185 가마아궁이 Kamaakungi「焚口」

186 도슈리구먹 Tosyurikumŏk「薪投入口」

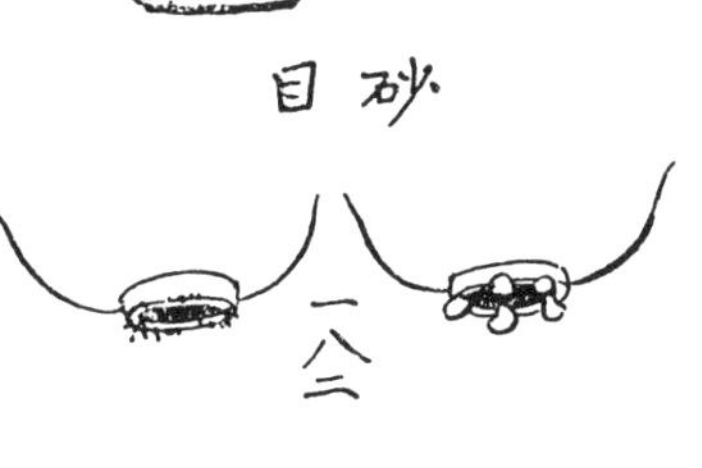

目砂には硅石の砂粒をそのまゝ使用するものと、耐火土の團子數箇を置くものとがある。前者は下手物に、後者は上手物に普通であつて、後者は又古い時代のものに多い。

窯の各室下方の薪投入口に近き一列には蓋皮を施し、又極上手のものは匣に納めて燒くこともある。蓋皮も匣も共に耐火土で造られてゐる。

窯の焚口には가마아궁이。가마아귿又は부억동などの名稱があり、又各室の横にある薪投入口は之を도슈리구먹と呼ぶ。煙埃は在來式は各窯共突立つことなく、窯の上端地

187 굴뚝 Kulttuk 「煙突」

際に多數の小門が開いて居るのみである。

188 누룩두레 Nurukturöi 「窯を築く土塊」

又窯を築く土塊は形狀が麴の團子(麯塊)の樣である處から누룩두레と呼ばれる。

189 사긔가마 沙器釜 Sakeuikama 「磁窯」

190 옹긔가마 瓮器釜 Ongkeuikama 「陶窯」

191 기와ㅅ가마 Kioakkama 「瓦窯」

終りに窯の形式は、前にも述べた通り樣々であるが、大別すると沙器釜、瓮器釜、瓦釜となる。

一八三 皮蓋

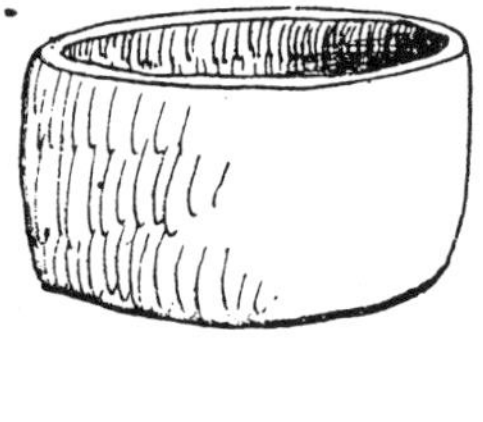

一八四 匣

II 陶磁原料

192 白土　빅토　Pektho

193 진흙　C inheurk　「粘土」

194 질　Chir　「陶土」

195 재　Chai　「灰」

原料の第一に置くべきものは陶土であるが、これは現代の如く其の性質や化學的成分を表はす名稱でなく、單に白土、白粘土、粘土、磁器土などと概括的の名で呼ばれてゐた。而して其の質を區別するためには、普通產地の名を冠してゐる風があつた。尤も實見によつてその土の性質を知つてゐる陶工等にとつては、その名が最も適切であつたに相違ない。陶土の有名なものに廣州水土、楊口白土、晋州白粘土、昆陽水乙土等があつた。かく名づけられた之等の土が、當時如何なる實質のものであつたかは、標本なしに今それを判定することは困難であるが、現に是等の地方所

196 石　灰
석회
Syökhoi

197 鉛　丹
연단
Yöntan

198 소곰
Sokom
「鹽」

199 回々青
회회청
Hoihoichhyöng
「純良呉須」

200 土　青
토청
Thochhyöng
「呉須」

産のものに照して想像するに、廣州と楊口は酸性磁土、晋州は耐火粘土、昆陽は高嶺土であつたと思ふ。

次に釉薬の調合に必要なるものに、磁器では稈灰、松皮灰、石灰、陶器では稈灰、鉛丹、食鹽等がある。但し食鹽は主に揮發釉用として使用される。

染付の顏料には、上手のものに回々青があり、その下に所謂呉須なる土青があつた。土青にも二青、三青などと等級があり、いづれも天然の酸化コバルト鑛で、支那から輸入されてゐる。輸入の相場は、二青が毎斤價下地木三十二匹、三青毎斤價下地木四十四、回々青毎斤價銀八十兩とされてゐる。

次に土産のもので最も普通なものは鐵砂、卽ち鐵釉類の俗稱天目、海鼠、柿、蕎麥、飴等をはじめ、鷄龍山の繪刷毛目及白磁の鐵釉繪等の原料である。

201 石間硃　석간쥬　Syökkanchyu　「鐵砂」

之は石間硃と稱する赤色の土で、酸化鐵を多量に含み、一名朱土、赤土、鐵朱、土朱、血師、代赭石などとも呼ばれ、紅殼の類である。尙此の石間硃を調合した釉を掛けた飴色の壺を、普通石間硃釭と呼んでゐる。

202 朱土　쥬토　Chyutho　「紅殼」

203 鐵朱　텰人쥬　Thyölchchyu　「代赭石」

204 石．綠　셕록　Syökrok　「孔雀石」

俗に辰砂と呼ぶ釉色があるが、之は鑛物の辰砂と何等關係のないものである。只その色が辰砂に似てゐると云ふので附けられた名稱らしい。然らば此の原料は何かと云ふに石綠である。即ち銅の酸化物なる孔雀石で、磁器に表はれる赤い色は、その還元された銅の色である。此の色の出た磁器は眞紅沙器、鮮紅沙器、朱點沙器等と呼ばれてゐる。

05 질그릇 Chilkeureut「瓦器」

206 瓦器 와긔 Oakeui

III 陶磁の種類

高麗時代に於ては陶と磁との區別はなく、總ては陶の一字で盡きてゐた。尤も瓦器の名は今日も同樣あつたものらしく、瓦器は恐らく朝鮮古來の燒物で、新羅以前は全くこれのみであつた。處が唐、宋の陶法が傳はり、瓦器の領域は次第に狹められ、李朝になつてからは愈々少なくなり普通は水瓮、植木鉢、火鉢等の他、土圭缸の如き古典的のものに限り使用される有樣となつた。それで官窯としては瓦署に於て瓦甎類を燒く傍ら、火爐の類を扱つたに過ぎない。瓦器は又の名を土器、甕器又は질그릇(甄甈)等と呼ぶ。

又此の類で質の稍硬く黑色を帶び比較的光澤のあるものに

207　독그릇
Tokkeureut
「稍硬質の瓦器」

독그릇と呼ぶものがある。大形の水瓮、漬物瓮に適する質のもので、燒成の時焚口に食鹽を投じて瓦斯を通じてゐる。然し以上の名稱は常に混同され易い。

尙瓦器よりなる樂器に缶旱と云ふものがある。これは訓が딜であつて、この缶を文字の構成に使つた器物の名に甕、缸、缾、罐、罌、罍等があり、질그릇の질と딜とは音も近似してゐるが、質のみに因んで出來た文字とも斷言出來ないにしても、瓶、甌、瓷、甕、瓷等の字は瓦器の質に因んで生れた文字と見ることが出來る。今日となつてはその質に著しき徑庭を認める樣になつたが、瓦器から發達して斯の如く推移した次第を物語ることは想像に難くない。

瓦器に次いで出來たものは、釉藥を用ひて燒かれた陶器

類である。高麗時代がその時で、其の頃は青磁も繪高麗も陶と呼ばれた。然るに李朝に入り、明の白磁器が流行するに及んで、磁と陶とははじめて別けられた。それで陶は瓮類又は大形の器物に應用され、오지と질그릇とがこれを代表する様になつた。

208 오지 Ochi 「赤褐色にして質硬き素焼風の陶器」

오지は當字で烏只、於芝等とも書き、赤味を帶んだ釉藥ある稍硬質の素焼風のものである。釉藥とは名のみで、光澤少なく、表面粗糙で、釉は普通生掛けしたものである。烏只の色は李朝の末期に至り、釉に鉛丹を使ふ様になつてから赤味が強くなり、質も著しく劣るに至つた。これで造られたものには釀造用の大甕から小形の鉢類に至るまで多種多様の器物がある。

209 칠긔그릇 Chhilkeuikeureut 「漆器の如き黑味ある光澤を有つ陶器」

칠긔그릇は烏只より素地稍密で、釉藥に光澤あり、一見漆器の如き感じがある。元來칠긔と云へば漆器であつて、漆を塗つた土器又は木器の謂であるが、それから轉じて漆器の如き光澤ある、俗に云ふ天目、飴、海鼠釉等の陶器をかく呼ぶ様になつた。而して質から云ふと陶器と磁器との中間のものもこれに含まれることがあり、明川、會寧方面で焼かれる陶器も亦これに屬する。

210 사긔 S keui 沙器（砂器）「磁器」

211 ᄌᆞ긔 Chakeui 磁器（瓷器）

李朝の焼物のうち現代に殘つて最も愛好されるものは磁器である。磁器は瓷器とも書き、通稱は沙器又は砂器である。瓷は卽ち陶器の堅緻なるものと、文字を作つた者は定めて置いたのだが、近頃此の陶、磁の區別を面倒にしてゐる趣もある。然し通常は肩の凝らない様にして、土焼に對

212 高麗器
고려긔
Koryökeui
「白沙器に對する舊式器」

213 常沙器
샹사긔
Syangsakeui
「白沙器に對する在來沙器」

214 青畫白磁器
청화빅자긔
Chhyönghoa pekchakeui
「染付磁器」

215 唐器
당긔
Tangk ui
「支那に倣つた染付器」

する石燒、素地が黑味を帶んで粗糙なるに比し緻密で白味の勝つたもの位に考へてよからうと思ふ。

所謂三島手、粉引、刷毛目等には陶、磁の二者を含み、又兩者の中間のものもあつた。是等のものは高麗燒の傳統によつて、主に李朝時代に發達した手法であるが、白沙器の現はれた後では、青磁と共に高麗器又は常沙器などの名で呼ばれた。尤も此の常の字は後には粗惡、下手物の意に用ひられる様にもなつた。

白沙器のうち回々青、土青などで染付を施したものは青畫白磁器、青華沙器又は單に畫器と呼ぶ。又支那産の沙器で畫のあるものを唐畫器、唐沙器などと云ひ、此の見本に倣つて燒いたものは朝鮮産であつても唐器と呼ばれたこと

216　朱點沙器
쥬뎜사긔
Chyutyŏmsakeui
「辰砂器」

217　石間硃沙器
셕간쥬사긔
Syŏkkanchyu
sakeui
「鐵砂器」

218　白沙器
빅사긔
Peksakeui
「白磁」

は、古い分院の記錄にも見えてゐる。

尙所謂辰砂色の施してある沙器は朱點沙器、眞紅沙器などと呼ばれ、鐵釉の應用された沙器は石間硃沙器であり、全く無地で模樣のない沙器は白沙器、粉甆又は白器である。

219 몸뚱이 Momttungi 「胴」

220 굽 Keup 「足、高臺」

221 밋구녕 Mitkunyöng 「尻」

222 엇개 ökkai 「肩」

223 목아지 Mokachi 「頸」

IV 陶磁器部分の名稱

器物の研究上、部分の名稱は統一して置く必要がある。日本に於ては茶道の發達に伴ひ器物の考證が進んだので、此の部分も隨分細部に分けられ、それぞれに種々な名稱が與へられ、素人には却つて解り難い位特殊な名稱も澤山ある様であるが、朝鮮に於てはそれ程複雜でない。

今茲に述ぶる處は朝鮮に於ける通俗の名稱であつて、これ等は概ね日本や支那と同様人體に準へて出來たものが多い。即ち主要部分は胴體で、下部に附いてゐる所謂高臺は足であり、裏面足に圍まれた内部は尻である。又胴の上部が肩、肩に續いて細くなつた部分は頸で、頸の上端は口又

224
223
229
220
222
219
226
220
224
222
225
226
219
226
227
220
221
230

224 주둥이 Chutungi 「口」

225 귀 Kui 「耳」

226 배 Pai 「腹」

227 쵹자리 Chhyokchari 「把手」

228 손잡이 Sonchapi 「把手」

229 귀ㅅ대 Kuittai 「注口」

230 밋바닥 Mippatak 「底」

は嘴に終る。肩又は頸部の側方に縦に附着してゐる把手の如きものを耳と呼び、胴の中央部膨大した部分は腹と呼ばれる。その他用法上から附けられた名稱に把手、注口等と譯すべきものがある。

尙內面下底は底である。

V　陶磁器數稱

231 箇、介 개 Kai「箇」

最も普通に用ひられる數稱は箇であつて、これは日本と同樣單獨な器物の箇數を讀み、又組み合せ物の端數を算へるのに用ひられる。又時に介又は個など書く事もあるが、音は同じKaiである。

232 立 립 Rip「箇」

尙大形のもの例へば大楪、沙鉢等に對しては立と云ふ字を用ふることもある。

233 張 장 Chang「枚」

普通枚と呼ぶ處は張の字が用ひられてゐる。これは扁平な器物の場合に普通であつて、特に瓦類にあつては龍頭、雜像の類までも張で數へられる。

234 雙 쌍 Ssang「對」

同種同形のもの二箇一揃として扱ふ場合の數稱は雙であ

つて、對と同様の語である。燭臺、龍罇等はすべて一雙宛のものと定まつてゐる。

235 件 건 Kŏn 「組」

酒杯と杯托と組物になつてゐる場合に用ひられる呼稱は件又は部であつて、例へば酒盞具臺一件などと書くのである。

236 坐 좌 Choa 「組」

此の場合又坐と書くこともある。

237 竹 죽 Chyuk 「十箇單位の稱」

同形のもの多數ある場合、十箇を單位として竹と名づけてゐる。竹は죽 Chyuk の音に當てた字であるが、文獻にも多く此の字を見る。記錄に沙鉢伍竹捌立とあつたら、それは沙鉢五十八箇の謂である。

238 訥 눌 Nul 「千枚單位の稱」

瓦のみに用ひられる數稱に訥と云ふのがある。訥も亦當字であつて、通常千枚を一눌 Hannul と唱へる。訥の字音は Nul であるが、讀む時は ul と云ふ様に發音する。一訥の瓦は

通例夫瓦四百枚、女瓦三百枚の割で、朝鮮建三間を葺くことが出來ると云ふ。

VI　陶磁器に記されたる記號

陶磁に記された記號の主なるものは、出所を示すための地名、作の等級を別つた符號、製作年を記す干支、それから納入すべき官衙名又は宮名、及その官衙に於て藏置すべき倉庫名などである。

時には作者又は所有者の氏名などを記したものもあるがそれは稀である。

標識の方法は、三島手又は青磁にあつては、白又は黑色の象嵌で、鉢、皿は底、壺類は側面の見易い部分に模樣の如く施され、白磁にあつて、古い方は底又は外側下方に極印を押捺したもの多く、その他は高臺の內部で普通置いて目につき難い様な處に染付又は線彫するのが通例である。而して極印は素地に陰刻されて現はれ、線彫は釉藥の生の間に行はれた痕である。尙出來上つた磁器に鏨を以て點の連續からなる諺文を彫り付けたものもある。

產地を記したものは三島手に多く「慶州」、「金海」、「廣州」、「彥陽」などがある。

作の等級を表はしたものには、先づ上等を示すために「甲字がある。甲字は甲燔の略であり、特製器を別燔と稱し、「別」字を附する。

金鑢の詩に次の如きものがある。

饔院用燔甆　齊言純色好

蟾蜍滯似銀　上品權家造

239　別　燔
별번
Pyölpön
「別製」

240　甲　燔
갑번
Kappön
「上製」

241 上 샹 Syang「上製」

242 例燔 례번 Ryöipön「普製」

243 內贍寺 나섬시 Nesyömsi「諸官供上、二品以上の給酒、倭野人供饋、織造の事を掌る官署」

（司饔權直長中任送甲燔硯滴體質純白……白甆硯滴）

この他上等のものを表はす記號に「上」、「進」などの文字が使はれてゐる。之等はいづれも上製の進上品たる印である。又上製に對し普通品を例燔と云ひ、出來たものには「常」字を冠して呼ぶ風もある。其の他祭祀用の器には丸に「祭」字を染付けたものが多い。

官衙名としてよく見るものは內贍寺用の「內贍」、「內用」又は「內」、禮賓寺用の「禮賓」、長興庫用の「長興庫」又は「長興」などである。之等は主に三島手に多い。又染付したもので「履洞宮」、「雲峴」等宮名を表はしたものがあり、倉庫名と思はるるものに「天」、「地」、「玄」、「黃」等の字を見る。尙「左」、「右」、「司」、「大」、「靑」等文字を刻したものも、窯跡の破片に於て屢々見るものであ

244　禮賓寺
례빈시
Ryöip:insi
「賓客の宴享宗宰の供饋を掌る官署」

245　長興庫
쟝흥고
Chyanghcungko
「席、油紙、紙を掌る官署」

る。

次に鏨で刻み付けたものになると年、倉庫名、同類の數等まで記入してあるものがある。例へば무신자젼고간딕죵쇼이죵等の文字が鉢の高臺の中方又は外側に沿ふて列べられてある。この字を漢字に當てると戊申(干支)慈殿(王の母)庫間(物置)大中小(器の大さを示すもので大、中、小取混ぜの意)二十となる。

作者の名を記したものは烏只の瓮類に見るが、樂書の如き字體のものが多い。

又官用の瓦には「公」字を見る。

VII　陶磁器の造られた地名

陶磁器の出所を確めるためには、窯跡の調査を行ふ事が肝要である事は云ふまでもない。而して窯跡の探索は文献に據る外、この地名から判斷するを便利とする。幸い朝鮮の地名にはその土地の地勢、風景、産物、古事等に因んで生れた極めて自然なものが多い。然しこの地名も近時變改されて無意味になつたもの丶多いことを誠に遺憾に思ふ。

而して舊名に從ひ陶磁器に因んだ地名を拾つて見ると、文献に表はれてゐるものだけで、殆ど三百に近いが、若しこれに口碑に傳はるものを加へるならば、どれだけ多數になるか知れないと思ふ。

246 沙器店 사긔뎜 Sakeuityöm 「磁器を焼いて賣る處」

247 沙器所 사긔소 Sakeuiso 「磁器を焼いて賣る所」

先づ第一に窯場の意を明示したものに沙器店又は沙器所がある。此處は疑ふ餘地なく磁器の窯場であり、その焼かれたものは大概白磁である。蓋し沙器の名が白磁の流行し出した李朝に始まつたからである。尤も窯と云ふものは原料、水利、地相などの關係が面倒なので、既往に焼いたことのある場所を再興したものが多い。それは白磁窯のある附近を丹念に捜索すると、青磁や三島手の窯跡を見ることの多いのからでも想像し得ると思ふ。かゝる場所に於ては三島手から引き續き白磁を焼いたものもあらうが、多くは一旦廢窯してから後日更に白磁窯を興したものと認定されるものが多い。

而して沙器所の沙の字は、他の同音又は近似音のものと

置き替へられ、例へば砂사、舍(사)、社(사)、史(스)や、更に同質である關係上磁(조)、瓷(조)などや、これと又同音の自(조)などの當字が使はれたのがある。一體朝鮮には當字の使はれる風習が多く、音が同じであれば隨分突飛な字まで當てられることがある。

尙その轍で器の字にも其(긔)、口(구)等があり、甚だしきになると귀と云ふので耳を當てることとすらある。

248 店 뎜 Työm 「磁器、鐵器、陶磁器などを製造販賣する處」

店は鐵器、眞鍮器、陶器等を製造する場所に附けられる名稱であつて、單に店とか店村とか云ふ場合でも、決して雜貨など商ふ店舖の意でない。從つて沙店、土店、독뎜、甕店など云ふ所は現在燒物をしてゐる處か、窯跡のある處である。それだから窯跡のことを店土又は釜土と呼ぶ。

249　陶匠谷
도장골
Tochyangkol
「陶工の谷」

250　甕器店
옹긔뎜
Ongkeuityŏm
「瓮を燒いて賣る處」

251　독뎜
Tok yŏm
「瓮を燒いて賣る處」

以上の字を組み合せて出來た燒物關係の部落名は、種類とその數に於て隨分多數に上る。

磁器店の古い名に陶匠谷がある。これにも亦樣々の當字がある。卽ち陶には道(도)、土(토)など、匠には庄(장)、藏(장)などを見、谷は谷合ひ又は横町の意であるが、時に巨里(거리)など書く事もある。又この陶字のつくものに陶村、陶谷、陶洞などがあり、その陶村の村は訓が말又は마을であるので、馬里(마리)を當てたりした例もある。

その他甕を燒く場所は甕器店又は독뎜であるが、この독は甕の訓であつて古來の語である。これに當てた字は隨分多く、德(덕)、得(득)、獨(독)等があるが、殊に德村、德峴、德坪、德洞等には新古の甕器窯を見ることが多い。

252 沙器담불
Sakeuitampul
「磁片堆積」

以上の外焼物に因んで附けられた地名に、沙器匠谷、沙器담불、沙器幕、沙幕、沙器嶝、陶幕、瓮幕、白器里、沙邱、陶邱、土邱等數へきれぬ程あり、そのうちには部落をなさず、畑や草原の地名であつて、窯跡だけ殘存してゐるものもある。

253 瓦治里
와야리
Oayari
「瓦屋の村」

又瓦字を有つ部落名に瓦洞、瓦治里、瓦野里、瓦也里、瓦旨里、瓦只里等があり、これも隨分廣く分布してゐる。

VIII 日本陶磁器の名稱と朝鮮語

陶法が朝鮮から日本に傳はり、陶工も亦同時に移住した事は史上に明かであるが、從つてその所産である陶磁器の名稱にも朝鮮に語原を置くものの多い事は言を俟たない。この言葉に就いて相互の關係を明かにする事は隨分興味のあるものであるが、長い年を經た今日なかなか解り兼ねるものが多い。一體この言語の傳はる經過に於ては、時々杜選もあり又突飛な新語が生れたりするので、その邊を明かにする事は容易でない。例を擧げるとこんなのがある。現在朝鮮に於て最も普通に使用される俗語にChiepalと云ふのがある。これは困惑した場合、窮した折などに「困つた」とか「到底及ばぬ」とか云ふ意を表はすものである。これを日本人は朝鮮語と思ひ、朝鮮人は日本語の如く考へてゐるものすらあるが、その實何れのものでもない。この言葉の起

原に就ては種々な說があり、普通には朝鮮に男子の斷髮令が公布された際、長い習慣を絕たれる淋しさから、國民の多數が除髮を拒み痛く悲しんだ者すらあつたに拘らず、政府はこれを强制的に斷行し、役人が鋏を持て城門の傍に立ち、通行人を片つ端から除髮したと云ふので、一時は隨分騷動であつたと云ふ事である。そこで除髮の字音 Chyöipal が「困つた」と云ふ意味に代用され、今日では日鮮人に共通の俗語となつたと云ふのであるが、然しこれは信じられない節がある。と云ふのはもし之が朝鮮語のみから出發したものならば、日本語から出たものと誤まられる筈がないからである。處がも一つ此の謎を解くべき挿話がある。それは日淸戰役の前後、朝鮮に渡つた日本人が、朝鮮語を覺えるために「金碗が周鉢(주발)」と繰返して唱へ習つた擧句、「叶はぬ」と云ふべき場合に周鉢卽ち Chyupal と洒落れたのから始まつたものだと云ふのである。尙又一說にその頃日本の兵士が朝鮮の民家に入り、その厨房

に隠れて難を避けた時、その家の主人から不意の闖入を詰られたが、答へる言葉を知らないので、致方なくそこにあつた金の碗を指して「叶はぬ」と云ふ意を表してゐるうちに、主人も漸く了解して好意を示し、無事にその場を遁れたと云ふのであるが、主人は早合點して困つた事は周鉢卽ち Chyupal と思ひ込み言ひふらした爲、次第に普及する樣になつたと云ふのである。この話の眞僞は別として、かようなことはその當時にありさうにも思はれる。話は餘談に流れたが、兎も角一寸したことから新語の生まれる例を擧げたまでである。勿論陶磁器にあつてはこんな場合は更に多いだらうと思はれる。

先づ第一に高麗茶碗と云ふ言葉が日本の茶人の間に通用してゐるが、これは高麗時代のお茶の碗と思つたら大きな誤りになる。なぜならばそれ等の大部分は李朝時代のものに屬し、尙朝鮮に於ては、それでお茶を吞まなかつたからである。夫等は多く食事用のものであつた。尤も李朝に於ても、外國使臣の接見式などに、茶禮と云ふものがあつたことは、文献に於て屢見る處であるが、それには茶鍾及茶瓶を使用してゐるので、多分今の煎茶式のものであつたらうと想像する。然らば高麗茶碗は如何なる意味に解すべきかと云ふに、高麗卽ち朝鮮産の燒物から仕立てた茶碗と考へたらいいと思ふ。抑も始めにこの名をつけた者は、高麗とか李朝とか云ふ區別は考へなかつた。朝鮮の地は何時でも高麗と考へて居たであらう。外國に通る名稱は今でも Korea である樣に、又朝鮮の人達が何時迄も支那の燒物を唐器と呼ぶ樣に、朝鮮の燒物を高麗燒と呼ぶことは、歷史的考證のやかましくなかつた昔にあつては無理なことでもなかつたと思ふ。

次に茶碗であるが、前述の如く日本に渡つて居る所謂茶碗の多くは、本來が茶用の器でない。朝鮮ではそれを何んと呼んだかと云ふに、磁碗又は沙磁碗と書いて、文献にも散見する。それは沙鉢より小さく、甫兒や鍾子より稍

大形の現代の飯喰ひ茶碗か、それより少々大きい位のものである。處が此の磁の字が차 Cha と讀まれるので、我が茶の字と同音である關係上、茶に置き替へられたものとも思はれる。その理由として日本には飯喰茶碗、茶呑茶碗など不合理な名稱がある。此の場合茶碗の茶の字を磁に更めたら意味が明かになると思ふ。

次に徳利と云ふ名が瓶の通稱とされてゐるが、これは日本讀みのまゝでは器物に緣の遠い名稱に思はれる。然るに朝鮮語から考へて見ると、徳は독であつて甕に當り、朝鮮に於ては甕窯のある村によく徳の字が附いてゐる位である。それで독그릇 Tokkeureut と云へば甕器の意となり、陶器のことにもなるので、强ち緣のないことはない。又瓶が貧を連想する關係上、梨を有の實と呼んだ如く「びん」を避けて「徳利」と命名したと云ふ說もある。

又丼と云ふ名がある。これは湯鉢탕발 Thangpal から轉じたものらしい。湯

は汁物の意で、湯鉢は朝鮮の蕎麥屋、汁掛飯屋において用ふる鉢の名であつて、この類で今日普通使用されてゐるものに大楪又は국배기等がある。その他猪口は鍾甌종구 Chyongku から來たものであらうし、匙は茶匙とも考へられるが、又朝鮮に於ては磁製の散蓮華を普通に沙匙사시 Sasi と呼んで居る。尙乳鉢は碾鉢년발 Nyönpal から轉じたものらしく、又沙鉢と云ふ磁器の名が銅器に當てられて、砂張建水など呼ばれるに至つては杜選も甚だしい。

以上の如くして日本古來の陶磁器名卽ち盤——さら、坏——つき、鋺又は盌——まり、坩——つぼ、甕——みか、罇——たり、瓶——かめ、𤭯——はさふ、齊瓮——いはいべ、忌瓮——いはいべ等以外の字音で呼ぶ所の例へば碗、鉢、罐、盒、爐等は、朝鮮又は支那から器物と共に傳つた名稱であることと明かであらう。

尙茶碗の種類の名稱は常に問題となる處であり、隨分難解なものもある。例へば三島、刷毛目、井戸、伊羅保、斗々屋、熊川、吹墨、金海、堅手、柔か手、雨漏、粉引、御所丸、御本、吳器、半使、筆洗、割高臺、黃高麗、柿高麗、柿の蔕、雲鶴など樣々であるが、これには朝鮮語に根據を置いたものは殆どなく、多くは朝鮮から日本に渡る經路や、それに關係した地名、又は器物の形態、釉色の變化などに因んで勝手に命名されたもので、正しい產地とか時代とか云ふものを表はすものは殆どないので、この研究は他日に讓ることとする。

四、結　語

以上陶磁器並に之れに關係ある名稱について一通り記して來たが、此の稿を閉づるに當つて、朝鮮に於ける陶磁器の取扱方や、その將來に就いて附記して置き度い。

朝鮮の氣候は大陸の影響をうけて一般に冬の寒さがひどい。京城でも最低溫度が零下二十度以下に降ることが一冬に數回ある。この寒氣は陶磁器には大なる脅威である。それで食器の項で述べた樣に、冬期間は眞鍮の器を使用する事なども、自然の經驗から生れた一面陶磁保存上の習慣かと思はれる。それから漬物や水を容れる甕などは、この寒中菰で卷いたり土中に埋めたりするのが普通なので、勝手を知らない他國の人が、軒下に埋めてある漬物甕を肥料溜と誤つたと云ふ樣な失敗もある位である。

兎も角李朝時代に於ける陶磁器は一般に叮嚀に取扱はれた。尤も田舍へ行くと、庶民のうちには磁製の器など有たぬ家すらあつて、大切な器とされてゐた。「山林經濟」に陶磁器の接合法が傳へられてゐるのを見ても、叮重に扱はれたことが想像出來ると思ふ。その方法を參考の爲め抄錄すると、

磁器を粘く方

鷄卵白を白礬末に和して之を粘けは甚好し。

好漆の淸きものに細羅を以て小麥糆少許を之に和して磁器を粘けは甚牢し、陶器及破硯石を粘くに甚好し。

俗に云地種の葱葉内に白頸の大蚯蚓を納れ葱葉を封すること一日にして之を見れは盡く化して水となる。其の淸きものを取りて磁器を粘けは痕無くして且牢し。

磁器を補ふ方

先づ磁器を將つて烘熱し鶏卵の淸を用つて石灰を調し之を補へば甚牢。又の方は白芨、石灰各一盞を用ひて水に調し之を補ふ。又の方は白芨末、鶏卵白を用つて之を補ひ線を以て緊く縛り火上に烘乾せば用ふるに任ゆ。鶏湯を盛るを忌む。

甆罈缸に孔を穿つ法

艾火を用つて灶と作し之を灸き錐打せは孔を成す。

缸罈を補ふ法

缸に裂縫する有らは先つ竹箍を用つて定め烈日中に晒し縫ひて乾かしめ瀝靑を用ひ火熔して之を塗り縫內に入れて滿たしめ更に火を用つて略ぼ烘して開けるを塗る。水滲漏せす油炭に勝さる。

缸罈の碎けるを縫ひ鐵屑と醋を用つて楪に調して縫す。上に銹を生すれは則漏れす或は芋頭を煨し半生半熟を以て之を擦す。

瓦石を粘する法

楡白皮を濕して搗き糊の如くし用ひて瓦石を粘すれは極めて力有り。白膠香眞の者一兩黄蠟、瀝青各一盞香油一滴壞る所の石と同色の者を尋ね搗きて末となし和して膏を作し烘熱に之を粘す此乃ち補神膠なり。如し山斷てるものを粘せは則ち石末を去りて粉を加へ調し乾かして之を粘る。

等があり、以上のうち特種な材料二、三を説明すると、瀝青は松脂に油々加へて煉りたるもの、楡白皮はやまにれの靭皮、白芨はしらんの根、白礬は焼明礬、白膠香は楓の脂(別名楓香脂)のことである。

次に朝鮮に於ける陶磁器業は、他の産業も同様現今不振のどん底にあるとも云はれる不況である。原料あり勞力餘り、需要も亦相當ある此の地に於て産業の成り立たぬことには何等かの原因があり、相當考慮を要する事は云ふ迄もない。その盛んな時に五百餘名の從業員を持つた分院の大工場が、全く廢窯となつた事だけを考へても淋し過ぎることである。然し此の窯の再興は望めないかも知れない。康津や雞龍山の窯が何れもその時代の代表的作品を生んで閉鎖してしまつた樣に、當然來るべき運命を辿つてゐるのであらう。かく考へて見ると將來に於てもその時代を代表する燒物が生れることを亦想像し得る譯である。然し何處へどんな形でそれが現はれるか明かに知る人はないかも知れない。

昔から朝鮮では燒物屋を儲からないものと考へた樣な風がある。俗謠にも「茶碗商賣十年したが猪口の一つも殘らない」などと云ふのがあり、又儲からない事の譬へに甕算と云ふのがある。これは昔話であるが、或る甕賣りが甕を脊負つて道を行く時、眠氣を催し路傍に甕を蒙つて假睡した處が、夢に大金を儲け喜んで跳ね起きて見ると、めちやめちやに壞れた甕の破片が散らばつてゐるばかりであつた。それでこのことを一名甕商の經綸とも云ひ、勞して當の外れる例に引かれる。是等を見ると燒物屋は昔の人達にとつては隨分不確實の營業であつた樣で、それが全く官の保護や干渉のみで繼續されてゐたことと思ふ。それが官の保護を離れ技術的にも經濟的にも他流仕合の如き競爭を强ひられたのだからやり切れない譯である。尤も保護や干渉は仕事を續け得ると云ふだけで、よき物を生む爲めには役立たない。よき物の生れる祕訣は唯一つ民族の盛になる事である。その時でなければ獨り燒物のみならず、何もよき物は生れない。惟ふに過去に於てもその大部分の時代は甕商經綸式で過ぎ、自然そんな時にはよき物も少なかつた事と思ふ。新羅燒でも、高麗燒でも、鷄龍山や分院の物でも、國の勃興した時代にのみ優れたものが生れてゐる。

以上の關係を綜合すると、陶磁業は經營困難のものであるが、民族の盛な時には自然によきものが生れ、又優れたものを生む事はよき時代を來らすことにも關係ある樣に思はれる。朝鮮の過去には各時代とも世界を獨歩し得る立派な陶磁器のあつたことは事實である。燒物位ひ世界に誇つても下らないと云ふ人もあるかも知れないが、これは前にも述べた樣に、全體が盛んでなくて燒物のみがよくなることは出來ない筈であつて、それ等を生む尊い物の燃えた證據となることを忘れてはならぬ。

履き馴れた草鞋や木履を脫ぎ捨てた民衆は、自らの手で優れた履物を作り得る技能を有ちながらその手を休め、資本主義に對抗しつつもその所產であるゴム靴のみを履くと云ふ、今は不合理な時代である。これは思想の方面でも同樣だと思ふ。極端な道德律の壓迫から開放はされたが、據るものがなくなり、徒に迷ひつつも舊來のものに極端な憎惡をさへ感じてゐる有樣である。然らば舊道德に復歸すべきかと云ふとそれも出來ない。斯の如く據るべきものの確信なくして敵の捕虜となつて居る樣の狀態は忍び難いことである。これを燒物に於て見るなれば、高麗燒の再興や、分院窯の模造を企圖したり、味もない只白色の沙鉢を輸移入して使つてゐると云ふ有樣である。過ぎし時代の模倣の如きものは眞の產業として發達すべきものでないことは明かである。今茲に當然生るべき燒物が何であるかは想像し難い。然し吾々に課せられた任務はある。それは此の國土に惠まれてゐる原料と民族の有つ技能とを時代の要求に應じて生かすために祈り、考へ、且つ働くことである。民衆が醒めて自ら生み、自ら育てて行く處にすべての幸福があると信ずる。

（千九百三十年一月十九日於淸凉里）

跋

昭和六年四月二日、此書の著者は四十二歳を一期として、突如私達から奪ひ去られた。

著者から何か序文を書いてくれるやうにと私に便りがあつたのは二月始めの事であつた。書肆に書き送りまもなく版に組まれたが、著者はそれを見る折もなく此世を去つた。さうして著者自らが添へるべき筈であつた序文も、遂に書かれる事なくして了つた。凡ての校正も上梓の悦びも、著者を待つてゐたのであるが、彼の生命は思ひがけなくも凡てに先立つて了つた。此世に今まみえんとする本書は、眞に著者が私達に遺していつた形見である。

此本は最初『李朝陶磁名彙』と題されたのである。併し出版所の求めによつて、「李朝」を「朝鮮」に換へた。その方が一般の讀者に親しみ易い言葉だと考へられたによる。併しこゝで朝鮮といふのは朝鮮時代卽ち李朝の意味であつて、新羅や高麗をも含む一般國名ではない。それ故本書は、李朝で作られた各種燒物の名稱の辭彙なのである。もとよりその中に前時代から引き繼いだ名稱が多く含まれてゐるのは云ふ迄もないが、著者は範圍を李朝に限つて硏査を進めたのである。此事は著者が自序の中に書く筈であつたが、その折もなく終つた。「名彙」を「名考」に變へたのは、著者自身の最後の考へに依つたのである。

本書は完成される迄に、五、六年の日數を經てゐる。度々書き改められ、その草稿が澤山殘つてゐる。隨分各地に旅し、實際を調査し、古老に正し、書籍に照らし、實物を蒐集し、絕えざる努力を重ねた。昭和四年秋一旦脫稿し、凡ての圖を自身で描き、之に註を入れ寫眞を添へた。最後に訂正加筆したのは昭和六年正月であつた。倉橋藤治郎氏の厚誼によつて遂に出版が決定し版に組まれた。諺文がある關係上校正は凡て著者の檢閲を待つ筈であつたが、正に其運びに至つた時、突如として歿し去つた。代つて校正の勞をとられたのは著者の友濱口良光君である。本書の裝幀は私が負ふたのであるが、此黄表紙は人も知る通り朝鮮の特色ある裝幀用紙であつて、著者自らが京城に於て注文し、古式に慣ひ純朝鮮紙に植物染料を用ゐたのである。型印の紋樣は吾々が集めた古き版木を用ゐた。見返しは古地圖からとつたのである。

長い努力の結晶であつたから、上梓の日を著者はどんなにか待つたであらう。私は此一書を亡き彼の影像の前に供へる樣になつた事を返す〴〵も遺憾に思ふ。さうしてそれにも增して、かくの如き卓越した著書から、明確に豫想される將來の仕事が、死によつて斷たれた事を限りなく悔む。「彼がゐたら」といふ私の想ひは、永へに私の胸に繰り返されるであらう。私は彼の友達の一人であつた事を眞に榮譽に想ふ。

彼の知友は此本につゞいて彼の書き遺した朝鮮工藝に關する幾多の論文を一冊に編まうと計畫してゐる。私はその折改めて彼の人と爲りやその一生に就て書き添へたい考へである。

彼が休む里門里の丘を想ひ、去りし日の事がうたゝ胸に迫る。書きたき事あまたあつて筆進まず、凡てを次の折に讓らうと思ふ。

昭和六年六月二十二日

於洛北下鴨

柳　宗　悅

索引

A（아）

암 암기와 Amkhioa 女瓦(平瓦)……………一三一
　 암막새 Ammaksai（平瓦の軒端用）……………一三三
안 안질ㅅ개 Anchilkkai（腰掛）……………一四四
압 압증널 Apcheungnöl（鍊土板）……………一四四

C

자 자박이 Chapaki（素燒の鉢）……………一一二、一一三
　 자라병 Charapyöng（扁壺）……………四八
ᄌᆞ ᄌᆞ긔 Chakeui磁器（瓷器）……………一五六
재 재 Chai（灰）……………一五〇
　 재ᄯᅥ리 Chaittöri（灰皿）……………七八
잔 잔 Chan 盞(杯)……………四七
　 잔판 Chanphan 棧板(棚板)……………一四四

장

잔ㅅᄃᆡ Chanttai 盞坮(杯托)……四八

장 Chang 張(枚)……一六二

장군 Changkun (俵壺)……一二〇、一一八、一二五

잡

잡샹 Chapsyang 雜像(屋根飾の一種)……一三三

증

증 Cheung (目砂)……一四八

차

차ㅅ죵 Chhachchyong 茶鍾(湯呑)……四五

ᄎᆡ

ᄎᆡ긔 Chhaikeui 彩器(繪具皿)……六二

찬

찬합 Chhanhap 饌盒(重ね蓋物)……五〇

칠

칠긔 Chhilkeui (漆器)……一五六、五一

칠긔그릇 Chhilkeuikeureut (漆器樣の陶器)……一五六、一五五

초

초긔 Chhokeui 礎器(臺坐)……一四八

초ㅅ대 Chhottai 燭臺……七七

촛

촛병 Chhoppyŏng (酢瓶)……一一八

쵹

쵹자리 Chhyokchari (把手)……一六一

청

청화ᄇᆡᆨ자긔 Chhyŏnghoapekchakeui 青畫白磁器(染付磁器)……一五七

츄

청기와 Chhyöngkioa（青瓦）……一三五

츄 Chhyu（おもり）……九四

츄두 Chhyutu 鷲頭（屋根飾の一種）……一三五

지

지질박 Chichilpak（陶器の内面を均す具）……一四六

지르오가리 Chireuokari（陶釜）……九〇

지르솟 Chireusot（陶釜）……九〇

지셕 Chisyök 誌石（墓誌）……二五

진

진흙 Chinheurk（粘土）……一五〇

진둥항아리 Chinteunghangari（土主缸の別稱）……二四

진동항아리 Chintonghangari（土主缸の別稱）……二四

질

질 Chir（陶土）……一五〇

질그릇 Chirkeureut（瓦器）……一五三、一五四

좌

좌 Choa 坐（組）……一六三

적

적은동이 Chökuntongi（小形の水汲瓮）……一一二

종

종벽 Chongpyök 宗甓（矩形の甓）……一三六

접
접시 Chöpsi 楪匙(皿)……四七
접ᄌ Chöpcha 接子(楪匙の別稱)……四七

주
주둥이 Chutungi (口)……一六一

준
준 Chun 尊(酒器の一種)……一九
준항 Chunhang 罇缸(酒壺)……一七

쟝
쟝흥고 Chyangheungko 長興庫(官署の一つ)……一六八

져
져통 Chyöthong 箸筩(箸筒)……五二

제
제긔 Chyöikeui 祭器……一五
제긔접시 Chyöikeuichyöpsi 祭器楪匙(祭器皿)……一五

젹
젹 Chyök 爵(酌器)……一九

졀
졀병통 Chyölpyöngthong 節瓶桶(屋根飾の一種)……一三五

죵
죵ᄌ Chyongcha 鍾子(猪口)……四五
죵주 Chyongchu (鍾子の別稱)……四五
죵구 Chyongku 鍾甌……一七九
죵발 Chyongpal 鍾鉢(鉢狀小盌)……四五

쥬 | 쥬젼ᄌ Chyuchyöncha 酒煎子(銚子)……四八
쥬합 Chyuhap 酒盒(酒瓶ある蓋物)……四八
쥬비 Chyupai 酒杯……一九、四七
쥬발 Chyupal 周鉢……一七五
쥬병 Chyupyöng 酒瓶……一八
쥬토 Chyutho 朱土(紅殼)……一五二
쥬뎜사긔 Chyutyömsakeui 朱點沙器(辰砂器)……一五八
쥭 | 쥭 Chyuk 竹(十箇單位の稱)……一六三
즁 | 즁두리 Chyungturi (中形の甕)……一〇七

H (ㅎ)

항 | 항아리 Hangari 缸(壺)……一一六
항아리뚝겅 Hangarittukköng (甕の蓋)……一一〇、一一一
합 | 합 Hap 盒(蓋物)……五〇
합빗두리 Happaitturi (蓋ある壺)……一一七、一一六

호 화 회 홍 훈 훤 향

합보사기　Happosiki（蓋茶碗）……四六
호로병　Horopyöng　葫芦瓶（瓢形瓶）……四八
화분　Hoapun　花盆（植木鉢）……八一
화병　Hoapyöng　花瓶……七九
화로　Hoaro　火爐（火鉢）……八一
회회청　Hoihoichhyöng　回々青（純良呉須）……一五一
홍예벽　Hongyöipyök　虹蜺甓（扇形の甓）……一三六
훈　Hun　塤（樂器の一種）……一二六
훤　Huön（塤の別稱）……一二六
향합　Hyanghap　香盒……二〇
향씃이　Hyangkkoti（線香立）……二一
향로　Hyangro　香爐……二〇

I（이）

이—이

이　I　彝……二二

인 이남박 Inampak（米の砂を抜く木鉢の通稱）……九〇
이벽 Ipyök 耳甓（三角の甓）……一三六
인쥬합 Inchyuhap 印朱盒（肉池）……六二

K（ㄱ）

가 가마 Kama（窯）……一三九
가마아글 Kamaakcul（焚口）……一四八
가마아궁이 Kamaakungi（焚口）……一四八
가리쇠 Karisai（鉋）……一四七
개 개 Kai 箇、介（箇）……一六二
개비 Kaipi 蓋皮（被蓋）……一四八
각 각령 Kakryöng 閣令（仕事場）……一四二
갓 갓모 Kammo（轆轤軸の周緣）……九五、九四
강 강판 Kangphan 薑板（大根卸し）……八八
갑 갑 Kap 匣……一四八

갑
갑번 Kappön 甲燔(上製)……一六六

긔
긔ᄃᆡ동이 Keuitaitongi (口付瓮)……一一三
긔대야 Keuitaiya (片口)……一一三

급
급 Keup (足、高臺)……一五九

큰
큰소ᄅᆡ기 Kheunsoraiki (盆の地方稱)……一一一
큰독 Kheuntok (大甕)……一〇六

기
기와ㅅ가마 Kioakkama (瓦窯)……一四九
기름병 Kireumpyöng (油壺、油瓶)……六八、一一八

ᄭᆞᆯ
ᄭᆞᆯᄯᅡᆨ이 Kkalttaki (漏斗)……九四

고
고불통 Kobulthong (陶製雁首)……一二七
고려긔 Koryökeui 高麗器(白沙器に對する舊式器)……一五七
고드래ㅅ돌 Koteuraittol (菰編み石)……九五

건
건 Kön 件(組)……一六三

갓
갓병 Kötpyöng (乳瓶)……二三

귀
귀 Kui (耳)……一六一

귀ᄃᆡ항아리　Kuitaihangari （片口壺）……………一一八、一一七
귀ㅅ대　Kuittai（注口）……………一六一
귀웅　Kuiung （泥水桶）……………一四六
굴ᄯᅮᆨ　Kulttuk（煙堗）……………一四九

M （ロ）

ᄆᆡ　ᄆᆡ소ᄅᆡ　Maisorai （盆の地方稱）……………一一一
막　막ᄌᆞ　Makcha 磨子（乳棒）……………八八
막ᄌᆞ긔　Makchakeui 磨子器（乳鉢）……………八八
막새　Maksai（軒端を葺く瓦）……………一三三
밋　밋바닥　Mippatak（底）……………一六一
밋구녕　Mitkunyŏng （尻）……………一五九
모　모ᄌᆞ합　Mochahap 母子盒（入子の蓋物）……………六八
모사긔　Mosakeui 茅沙器（沙を盛り茅を挿して酒を注ぐ器）……………一六
목　목아지　Mokachi（頸）……………一五九

먹
먹퉁 Mökthong 墨桶(墨壺) …… 九三
몸
몸뚱이 Momttungi（胴）…… 一五九
물
물네 Mulnöi（轆轤）…… 一四四
물병 Mulpyöng（水差）…… 一二〇
물드무 Multeumu（水甕）…… 一〇七
물독 Multok（水甕）…… 一〇七
물동이자리 Multongichari（水瓮の臺）…… 一一一

N（ㄴ）

너
너섬시 Nesyömsi 内膽寺(官署の一つ) …… 一六七
누
누룩두레 Nurukturöi（窯を築く土塊）…… 一四九
눌
눌 Nul 訥(千枚單位の稱) …… 一六三
년
년 Nyön 碾(藥研) …… 八八
년발 Nyönpal 碾鉢 …… 一七九

O（오）

오 오즘장군 Ocheumchangkun（尿瓶）……一二〇
오지 Ochi（赤褐色硬質の素燒風陶器）……一五五、五一
와 와긔 Oakeui 瓦器……一五三
와야리 Oayari 瓦冶里（瓦屋の村）……一七三
엇 엇개 Okkai（肩）……一五九
옹 옹 Ong 瓮……一一三
옹긔가마 Ongkeuikama 瓮器釜（陶窯）……一四九
옹긔뎜 Ongkeuityöm 甕器店（瓮を燒いて賣る所）……一七二
옹비기 Ongpaiki（洗面用瓦器）……七〇
옹박이 Ongpaki（素燒の小鉢）……一一三
옹솟 Ongsot（陶釜）……九〇
옹동의 Ongtongwi（水汲瓮の別稱）……一一二

P（ㅂ）

바　바라기　Paraki（平盌）……………………………四四
배　배　Pai（腹）……………………………………一六一
비　비반　Paipan（酒席用器物の總稱）………………五〇
빗　빗탕이　Paitthangi（横に張つた甕）……………一〇七
빗두리　Paitturi（壺の一種）……………………………一一六
박　박만　Pakman　撲滿（金溜の一種）…………………一二七
발　발탕긔　Palthangkeui　鉢湯器（婦女子の飯盌）………四四
반　반방전　Panpangchyön　半方甎（半分大の方甎）……一三六
반동이　Pantongi（中形の水汲瓮）…………………………一一二
방　방전　Pangchyön　方甎（角の敷瓦）……………………一三六
방망이　Pangmangi（打棒）…………………………………一四六
빅　빅사긔　Peksakeui　白沙器（白磁）……………………一五八
빅토　Pektho　白土……………………………………………一五〇
팔　팔모항아리　Phalmohangari　八隅缸（八角壺）…………一一七
필　필가　Philka　筆架（筆置）…………………………………六二

필ㅅ세 Philssöi 筆洗……六二
필통 Philthong 筆筩(筆立)……六一

푼
푼주 Phunchu (大形の淺き鉢)……一一三

풍
풍로 Phungro 風爐……八二

편
편과긔 Phyönkoakeui (餠台)……一五
편틀 Phyöntheul (餠台)……一五

비
비누합 Pinuhap (洗粉用の蓋物)……七〇

보
보궤 Pokuyöi 簠簋……二二
보시기 Posiki 甫兒(小盌)……四五、四四

벗
벗치 Pöchchhi (淺き大鉢)……一一一

봇
봇극 Pokkeuk (轆轤の軸先)……九五、九四

벙
벙어리 Pöngöri 缿(金溜)……一二六

부
부 Pu 缶(樂器の一種)……一二三
부항항아리 Puhanghangarí (火瓶)……九二
부항단지 Puhangtanchi (火瓶)……九二

불

부억동 Puöktong（焚口）……一四八

불ㅅ돌 Pulttol 火石(火鉢の火を覆ふ石又は瓦片)……八二

분

분접시 Punchyöpsi 粉楪匙(白粉皿)……六八

분항아리 Punhangari 粉缸(白粉壺)……六八

분합 Punhap 粉盒(白粉盒)……六七

분밧침 Punpachchhim 盆抬(鉢臺)……八一

분수긔 Punsukeui 粉水器(白粉用水入)……六八

분슈병 Punsyupyöng 噴水瓶(如露)……九三

분디 Puntai 盆抬(鉢臺)……八一

벽

벽이모 Pyökaimo 枕隅(枕の兩側に附する板)……八二

별

별번 Pyölpön 別燔(別製)……一六六

별우 Pyölu（硯）……六二

병

병 Pyöng 瓶……一一八

R（ㄹ）

립
립 Rip 立(箇)……一六二
립긔 Ripkeui 立器(筒盌)……四四
례
례빈시 Ryöipinsi 禮賓寺(官署の一つ)……一六八
례번 Ryöipön 例燔(普製)……一六七
룡
룡춘항아리 Ryongchunhangai (罇缸の普通のもの)……一七
룡두 Ryongtu 龍頭(屋根飾の一種)……一三五
륜
륜ᄃᆡ Ryuntai 輪臺(轆轤)……一四四

S (人)

사
사긔 Sakeui 沙器、砂器(磁器)……一五六
사긔가마 Sakeuikama 沙器釜(磁窯)……一四九
사긔마 Sakeuima 沙器馬(鬼神の乘る馬)……二三
사긔 Sakeuiso 沙器所(磁器を燒いて賣る所)……一七〇
沙器담 Sakeuitampul (磁片堆積)……一七三
사긔뎜 Sakeuityöm 沙器店(磁器を燒いて賣る所)……一七〇

사모병 Samopyöng 隅瓶(四角瓶)……五〇
사발 Sapal 沙鉢(飯磁盌)……四二
사반상 Sapansang 沙飯床(一揃の磁製食器)……四二
사시 Sasi 沙匙(磁製の匙)……五二、一七九

시

시접 Sichyöp 匙楪(匙及箸の臺)……一六
시르떡 Sireuttök 甑餅……九二
시루 Siru 甑(蒸し鉢)……九一

식

식소라 Siksora 食所羅(大鉢)……一一三

소

소곰 Sokom (鹽)……一五一
소래기 Soraiki (盆又は蓋)……一一〇、一一一

세

세수소릐 Söisusorai (洗面用瓦器)……七〇

손

손잡이 Sonchapi (把手)……一六一

쌀

쌀함박 Ssalhampak (米の砂を拔く鉢)……九〇

쌍

쌍 Ssang 雙(對)……一六二、五一
쌍항아리 Ssanghangari (壺が二つ連絡したもの)……五一

수
수ㅅ키와 Sukkhioa 夫瓦（目瓦）……………… 一三一
수ㅅ막시 Summaksai （目瓦の軒端用）……………… 一三三
술
술ㅅ잔 Sulchchan （盞の別稱）……………… 四七
샹
샹 Syang 上（上製）……………… 一六七
샹사긔 Syangsakeui 常沙器（白沙器に對する在來沙器）……………… 一五七
쇼
쇼쥬ㅅ고리 Syochyukkori （蘭引）……………… 九二
셕
셕회 Syökhoi 石灰……………… 一五一
셕간쥬 Syökkanchyu 石間硃（鐵砂）……………… 一五二
셕간쥬항아리 Syökkanchyuhangari 石間硃缸（鐵釉壺）……………… 一一七
셕간쥬사긔 Syökkanchyusakeui 石間硃沙器（鐵沙器）……………… 一五八
셕록 Syökrok 石綠（孔雀石）……………… 一五二
슈
슈분 Syupun 水盆（水盤）……………… 八一
슈연통 Syuyönthong 水煙筩（水煙管）……………… 七八
슉
슉늉 Syuknyung （飯を炊いた後釜に水を入れ暖めた湯）……………… 四六

T (ㄷ)

다	다종	Tachyong 茶鐘	二一
	다관	Takoan 茶罐	二一
ᄃᆡ	ᄃᆡ	Tai 抬(臺坐)	一四七
	ᄃᆡ항	Taihang 大缸(大壺)	一一七
	ᄃᆡ병	Taipyöng 大瓶	一一八
대	대	Tai (煙管の略稱)	一二八
	대접	Taichöp 大接(丼鉢)	四六
	대옹	Taiong 大甕	一〇六
	대야	Taiya 大也	一一三
담	담ᄇᆡㅅᄃᆡ	Tambaittai (煙管)	一二八
	담ᄇᆡ합	Tampaihap 煙草盒(煙草用蓋物)	七七
	담ᄇᆡ통밧침	Tampaithongpachchhim (雁首臺)	七八
단	단지	Tanchi (壺の一種)	一一七

당

당긔 Tangkeui 唐器(支那に倣つた染付器)……一五七
당발 Tangpal 湯鉢……一七八

달

달리골독 Tarikoltok (大甕の俗稱)……一〇六

드

드무 Teumu (甕)……一〇七、一一一

등

등 Teung 登(豆瓦)……二三
등 Teung 燈(ランプ)……七六
등장 Teungchang 燈盞(ランプ燈明皿)……七六
등죵ᄌᆞ Teungchyoncha 燈鍾子(油猪口)……七六
등갓 Teungkat (燈笠)……七六

타

타구 Thaku (痰壺)……八四

ᄐᆡ

ᄐᆡ항아리 Thaihangari 胎缸(胞衣壺)……一一八

탕

탕긔 Thangkeui 湯器(羹を盛る鉢)……一六
탕ᄭᅴ Thangkkeui 湯器(汁盌)……四四
탕발 Thangpal 湯鉢……一七八

토

토청 Thochhyöng 土靑(吳須)……一五一

툭
토주항　Thochuhang　土主缸（錢穀を納め崇奉する壺）……二四
토슈　Thosyu　吐首（屋根飾の一種）……一三三
툭배기　Thukpaiki（陶器の鉢）……五一、一七九
툭배리　Thukpairi（陶器の鉢）……五一
툭박이　Thukpaki（陶器の鉢）……五一
툭수리　Thuksuri（陶器の鉢）……五一
텰
텰ㅅ쥬　Thyölchchyu　鉄朱（代赭石）……一五二
텹
텹시　Thyöpsi　貼匙（楪匙の別稱）……四七
도
도침　Tochhim　陶枕……八三、一四七
도쟝　Tochyang　圖章（印）……六二
도쟝골　Tochyangkol　陶匠谷（陶工の谷）……一七二
도기　Tokai（瓮類の內面に折つ型）……一四六
도슈리구먹　Tosyurikumök（薪投入口）……一四八
독
독　Tok（甕）……一〇七、一一〇
독그릇　Tokkeureut（稍硬質の瓦器）……一五四、一一〇、一七八

동 독뎜 Toktyöm （瓮を燒いて賣る處）……一七二
동이 Tongi （水汲瓮）……一一二、一一三
동이아래 Tongiarai （水瓮の臺）……一一一
동방구리 Tongpangkuri （壺の一種）……一一六
동의 Tongwi （水汲瓮の別稱）……一一二
ᄯᅡᆼ ᄯᅡᆼ―멍 Ttangtumöng （沈澱池）……一四六
ᄯᅥᆨ ᄯᅥᆨ살 Ttöksal （餅型）……九三、九四
ᄯᅥᆨ손 Ttökson （餅型の別稱）……九四
ᄯᅮᆨ ᄯᅮᆨ배기 Ttukpaiki （陶器の鉢）……五一
두 두멍 Tumöng （桶狀の大鉢）……一一一、一一二
둑 둑수리 Tuksui （陶器の鉢）……五一
뎜 뎜 Työm 店（陶磁器等を製造販賣する處）……一七一
뎐 뎐대야 Työntaiya 典大也（盥形の器）……一一三

W

와　와당　Watang　瓦當……一三三

Y

약　약단지　Yaktanchi　藥湯罐(煎藥壺)……八九
　　약탕관　Yakthangkoan　藥湯罐(煎藥壺)……八九
　　약염항아리　Yakyömhangari　(藥味壺)……五〇
양　양치긔　Yangchhikeui　養齒器(含嗽器)……七〇
요　요강　Yokang　(尿器)……八三
예　예시　Yöisai　(篦)……一四七
연　연가　Yönka　煙家(煙突屋根)……一三五
　　연단　Yöntan　鉛丹……一五一
　　연뎍　Yöntyök　硯滴(水入)……六〇

昭和六年九月一日印刷
昭和六年九月五日發行

不許複製

著者　淺川巧

發行兼印刷者　倉橋藤治郎
東京市麴町區九ノ内三ノ四

發行所　朝鮮工藝刊行會
東京市九ノ内三ノ四工政會内
振替東京六一七一七番

發賣所　工政會出版部
東京市丸ノ内三ノ四有樂館
振替東京二七七二四番
電話丸ノ内三九八〇番

定價　六圓五〇錢

共同印刷株式會社印刷

◆浅川巧小伝◆浅川巧は明治二四年（一八九一）山梨県北巨摩郡甲村（現・高根町）に生まれ、農林学校を出て、大正三年、兄伯教のいる植民地朝鮮に渡った。朝鮮総督府農工商部山林課の林業試験場に勤務しながら朝鮮人と交わる。禿げ山の多い朝鮮の山を緑化するために土壌に合った樹木の研究・育成に努める合い間に、朝鮮の民間の工芸品（のちに柳宗悦により「民藝」と称される）の価値を発掘し、柳とともに朝鮮民族美術館を設立する。乏しい給料から朝鮮人の子弟に学資を人知れずに援助したり、民間の忘れられている工芸品の名称や地方の陶磁器の窯跡を探索する行為は、「清貧に安んじ、働くことを悦び、郷党を導くに温情を以てし、村事に当つて公平無私」（浅川兄弟の祖父）だった類い稀な日本人であった。今回、発見された日記の中で、植民地支配が「朝鮮」の破壊につながることを告発している。四二歳の短い生涯を閉じたが、墓地に埋葬する際に村の多くの朝鮮人に担がれて運ばれた。植民地下の朝鮮に生きて、朝鮮（文化）と朝鮮人を愛し、また朝鮮人からも愛された希有な生涯を送った。

朝鮮陶磁名考　復刻版

著　者――浅川　巧　Takumi Asakawa
装丁者――菊地信義
発行日――二〇〇四年七月一日
発行者――内川千裕
発行所――株式会社　**草風館**©
東京都千代田区神田神保町三―一〇
印刷所――平文社

Co.,Sofukan　〒101-0051
tel 03-3262-1601
fax 03-3262-1602
e-mail:info@sofukan.co.jp
http://www.sofuka.co.jp
ISBN4-88323-143-7

日本國

倭王不剪髮笠前鮮食笠後跣食○已酉年新定約條對馬島主圖書自礼曹鑄給往來商
貿有圖書來泊者憑考礼曹校書官釜山鎮所在見
倭人每年三百名式來番東萊○每年米太各百

國中多水不能畫記

惠武黑島
琉黄島
尾路関
壱州
三州
畿内
兵庫浦
大内殿
国防州
備州
産銅
山陽道
五州
三姓源氏
奥山殿
武衛殿
間関
産銅刀鉄
宮内関
薩摩島
西海道
八州
笠前州
小二殿
毛伊一枝島
島浦
風本浦
満後州
不見州
箕島
隱岐
對馬島
先神山

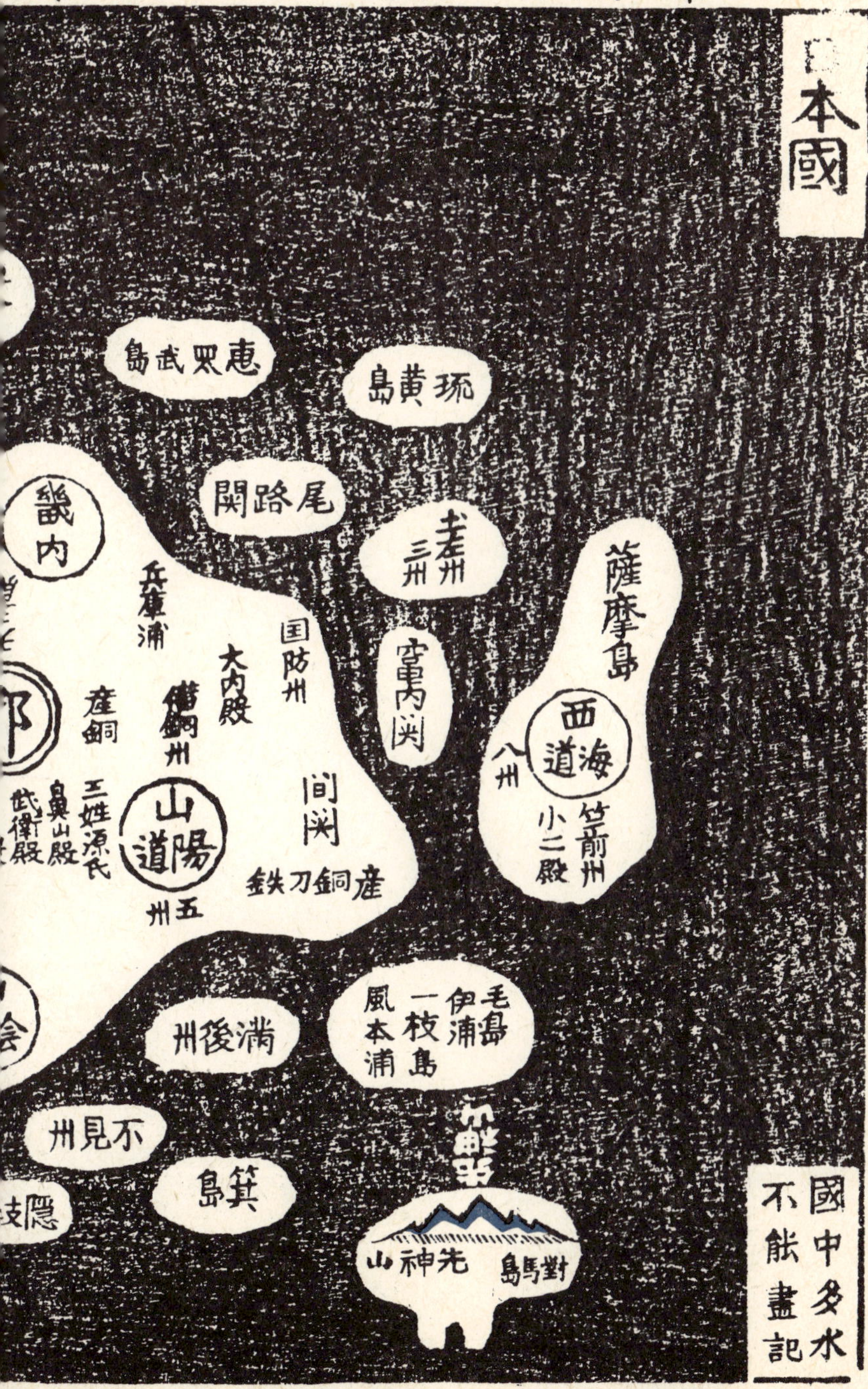